福祉現場のための

感染症対策入門

感染症の
基本知識から
新型コロナウイルス
対応まで

松本哲哉 監修

中央法規

はじめに　　　　福祉現場の中で、福祉施設は高齢者や障害を有する方をケアする場所として、社会的に非常に重要な役割を担っていると思います。ただし、入所者は感染に対する抵抗力が弱い方が多く、集団感染も起きやすい環境にあり、かつ、医療機関に比べると感染対策も徹底しにくい状況に置かれています。特に最近では新型コロナウイルスの感染拡大を受けて、施設内でのクラスター発生など、福祉施設を感染からどのように守るかが課題となっています。

　私は厚生労働省の「高齢者介護施設における感染対策マニュアル」の作成にかかわらせていただいた頃から、いろいろな施設の担当者と意見交換をさせていただき、福祉施設の抱える課題を痛感しておりましたが、コロナ禍において、これほどまでに施設が感染対策に真剣に取り組む必要性に迫られた時期はなかったと思います。

　最近では実際に自治体の要望に応じて福祉施設の指導に行くことも増えておりますが、人的にも手薄な体制の中で懸命に対応しておられる職員の方々に頭が下がるとともに、感染対策における専門的な知識を増やしていただくことの必要性も感じています。

　そのようなタイミングで本書の出版が企画されたため、私も監修をお引き受けいたしました。本書は現場の状況をよくご存知の先生方にご執筆いただいて福祉施設や在

宅における重要な感染対策のポイントがわかりやすくまとめられており、現場で働く方々にとって参考になる書籍であると考えております。また、施設や在宅の介護福祉職に焦点があたっていますが、障害や保育の現場でも十分に活用いただける内容になっています。

　新型コロナウイルスに限らず、施設や在宅における感染対策は何かが起こってから対応するのではなく、日々の業務の中で取るべき対策を徹底していくことが結果として被害を少なくします。

　本書を参考にしていただき、介護をはじめ福祉の現場における感染対策に十分に役立てていただけることを願っております。

2021年1月

国際医療福祉大学医学部感染症学講座　主任教授
国際医療福祉大学成田病院感染制御部　部長

松本哲哉

目次　福祉現場のための感染症対策入門

はじめに

福祉現場における
感染症と感染対策

起こりやすい感染症

　福祉の現場は、さまざまな理由から、感染症の問題が発生しやすい場でもあります。実際にそこで勤務している職員は改めて自分の事業所・施設の置かれている状況を認識して、今後の取り組みの参考にしてください。

1 福祉現場の特殊性

　福祉現場は感染症が広がりやすい場です。その理由としては、下記の要因が挙げられます。

- 集団生活、あるいは集団が一定時間、一緒に過ごす場である。
- 高齢者等の利用者は各種の病原体を保有している頻度が高い。
- トイレ、器材など共有する場所や物がある。
- 面会者など外部から感染症を持ち込まれる可能性がある。
- 感染者が出た場合、個室管理や距離を保って管理するのが難しい。

　さらに利用者の中には、感染症対策の意味を理解するのが難しい人もいますので、その行動によって感染が広がりやすい状況を作ってしまう可能性も少なくありません。そのような状況の中で、福祉の現場において感染を防ぎながら日常の業務を行うことはかなり難しいことが想定されます。

2 起こりやすい感染症の種類

　福祉現場においてはさまざまな感染症が起こりやすくなります。代表的な感染症として、**インフルエンザやノロウイルス**が挙げられます。在宅では比較的、感染の規模は小さくてすみますが、施設の場合は、感染症が発生すると集団感染が起こる可能性があります。また施設における感染には下記のような特徴があります。

- 人から人に伝播しやすい。
- 職員も感染しやすい。
- 訪問者（面会者）が持ち込むこともある。
- 季節性の感染症の流行が起こりやすい。

　インフルエンザやノロウイルス以外にも、疥癬による感染もよく起こっていますし、結核が広がることもあります。また、施設では、ＭＲＳＡやＥＳＢＬ産生菌をはじめとする**耐性菌**もときに広がります。

　夏の時期では細菌性の食中毒が発生することもあります。最近では**新型コロナウイルス感染症（COVID-19）**による施設内感染の事例が多く報告されており、新たな問題となっています。

感染対策の
基本的な考え方

1 感染者の発見と診断

① 感染者の早期発見

　福祉現場で感染の広がりを抑えるためには、どのような感染対策が求められるのでしょうか？　まず重要なのは感染者を見逃さないことです。インフルエンザやノロウイルス、疥癬などは、感染が疑われるなんらかの症状を伴う場合が多いので、常に利用者の身体の状態を確認し、異常を早めに見つけ出せるようにしておく必要があります。特に下記の症状や徴候を見落とさないようにしましょう。

- 発熱
- 呼吸器症状（咳、痰、のどの痛み、息切れなど）
- 消化器症状（腹痛、下痢、嘔吐など）
- その他（倦怠感、食欲不振、反応性の低下など）

　これらに関して、数値化して客観的に評価ができるのは体温や食事の摂取量、排便回数、呼吸数、血圧などです。それ以外の症状については本人の訴えを聞かないとわからない項目も多くあります。特に高齢者の場合は、我慢強くて自ら体調不良を訴えない人もいますので、**"普段の状態と比べてなんとなく違う"**といった微妙な変化に気づくことも大切です。

② 感染症の早期診断

　発熱や倦怠感などの非特異的症状だけでは、感染の可能性が疑われてもどの感染症か推定することは困難です。咳や痰などの呼吸器症状があれば呼吸器感染症が疑われますが、呼吸器症状の出るすべての疾患が周囲に感染する可能性があるわけではありません。例えば、高齢者は誤嚥性肺炎を起こしやすいわけですが、この場合は感染が広がるリスクは低いと考えられます。また、腹痛、下痢などの消化器症状があれば消化器感染症が疑われますが、ノロウイルスと細菌性腸炎では感染対策も異なりますので、**診断を的確に行う必要**があります。

　つまり感染症の対応を決める上では（とりわけ施設内では）、どの病原体に感染しているのかを確定する必要があります。そのため、普段から受診可能な医療機関や相談しやすい医師と連携を深めておき、感染症が疑わしい利用者が現れたら、早めに受診して診断を受けられるようにしておきましょう。なお受診時に医療機関側に提供すべき情報として下記のような項目があります。

- 症状と経緯（どの症状がいつから見られたか）
- 摂食状態（食事介助の有無、食欲の低下の有無など）
- 基礎疾患（病名と治療の状況など）
- その他の異常（意志疎通や反応の低下、行動の変化など）

呼吸器症状

消化器症状

発熱

③ 感染の広がりの把握

　特に施設では感染の広がりの把握が大切です。発熱や咳などを訴える人が複数認められれば、施設内感染の可能性を考慮して全体の状況を把握する必要があります。その際、普段とは状態が異なる入所者がいないかどうか、改めて各担当者に確認しましょう。

　もし感染が疑われるような入所者が複数いる場合は、施設内における集団感染の可能性を考えて迅速に次の対応に移る必要があります。感染が疑われる**入所者のリストや部屋をマッピングした図を作成**するとよりわかりやすくなると思います。もし集団感染が疑われて、どのように対応すべきか判断に困った場合は、連携している医療機関や地域の保健所などに相談することも重要です。

④ 職員および外部からの感染の持ち込みの阻止

　施設の職員から感染が広がる可能性もあるため、**職員の日頃からの健康管理**は重要です。もし体調不良がある場合は、無理をして勤務することがないように休める体制を作っておく必要があります。また、職員はインフルエンザなど接種可能なワクチンは積極的に受ける必要があります。

　施設に出入りする外部の業者が感染症を持ち込む可能性もあります。事前に体温チェックを行うなど体調不良の有無を確認する必要があります。

　さらに、施設に感染症を持ち込むリスクの高い経路として面会者が考えられます。特に感染症の流行時期は、入所者の家族であっても面会をなるべく控えてもらう必要があります。もし面会を許可する場合でも、体温測定や体調不良の有無の確認は欠かせません。これらは在宅であっても同様で外部からの持ち込みについて注意する必要があります。

2 感染経路の遮断

① 感染者への対応

施設や在宅で、もし感染が疑われる利用者が出た場合は、先に述べたように早めに医療機関を受診してどの感染症によるものなのか診断を確定することが重要です。ただし、夜間や休日などですぐに受診することが難しい場合は、他者に広がらないような対応を取る必要があります。まず、感染が疑われる人はなるべく個室での管理が望ましいと思われます。ただし、部屋の移動ができない場合は、相部屋であってもカーテンや仕切りを設けて遮断することも考慮すべきです。

② 職場内での情報共有

感染症の状況が把握できた段階で、同じ職場の職員にはその情報を提供し、皆が同じ認識を持つ必要があります。特に重要な情報については、個々の認識の食い違いが生じないように、文書等で情報を共有すべきだと思われます。また、事業所や施設におけるマニュアルを皆が参考にしながら、共通の対応を取れるようにしなければいけません。また、状況に応じて利用者の家族などに対しても情報を提供し、不要な混乱を生じないようにすることが望まれます。

③ 職員の感染予防策の実施

インフルエンザなどの感染症は職員も感染するリスクがあり、さらに職員から利用者に広げてしまう可能性もあるため、通常の業務も個人防護具（PPE）の装着や、手指消毒を徹底しながら、対応しなければいけません。具体的な感染対策については、第2章以降を参照してもらいたいと思いますが、基本的には、感染症の種類によって**接触感染予防策**および**飛沫感染予防策**を中心に対応することになります。

福祉現場の課題

　福祉現場では感染症対策を行う上でさまざまな課題があると考えられます。これらは簡単に解決できるようなものではありませんし、各事業所・施設が努力しても限界があると思われますので、やはりそれをサポートするような国や自治体の適切な取り組みが求められると思います。

1 感染対策の徹底が困難な要因

① 人材の不足

　福祉現場においては、通常の状況においても職員が十分にいるわけではないので、感染症が生じるとさらに多くの手間がかかり、明らかに職員の負担が大きくなることが想定されます。さらに、職員自身が感染することもあるため、自宅での療養等が必要になると人材不足が深刻になりやすいと考えられます。

② 物資の不足

　医療機関においては、感染症の予防、管理は常に課題であり、個人防護具や消毒薬は利用しやすい場所に配置され、比較的十分な量が確保されています。一方で福祉現場では、個人防護具や消毒薬などの感染対策に必要な物資は十分に在庫が確保されていない場合も多く、供給不足が生じた場合などはすぐに足りなくなると考えられます。

③ 感染対策の体制の問題

　事業所・施設において感染対策を指導できる人材は限られており、マニュアル等の作成にあたっても、外部の専門家による指導や情報提供を受ける場合が多いのが現状です。さらに、施設内で感染拡大が認められた場合に、うまくコントロールできる体制が整っている施設も少ないと考えられます。在宅も同様のことがいえます。

人材の不足

物資の不足

感染対策の体制の問題

2 国や組織によるサポート体制の動き

① 国による支援

　国は2020年に新型コロナウイルス感染症の影響を受けて、介護サービスを提供する事業所・施設などへの支援として介護報酬、人員、設備

及び運営に関する基準などの柔軟な取り扱いを掲げました。また、下記のような感染対策の経費に関して補助する取り組みを行っています。

- マスクや消毒液等の購入費
- 介護施設等における簡易陰圧装置・換気設備の設置にかかる経費
- 介護施設等の多床室の個室化に要する改修費

また、厚生労働省の介護分野における効果的な感染防止等の取り組み支援事業として下記の取り組みが実施されています。

- 現場で感じた疑問等を随時相談できる窓口の設置
- 感染対策のマニュアルの提供と専門家による研修等
- 事業継続計画（BCP）の策定支援
- メンタルヘルス支援

② 地方自治体による支援

　新型コロナウイルス感染症の感染拡大を受けて、高齢者介護施設等を支援する活動を行っている自治体もあります。その中には、感染症の専門家の協力を得て、施設を対象とした講習会の開催や現場での指導、相談窓口の設置、チェックシートの作成などを行っている自治体もあります。

③ 学会

　医学系学会の多くは診療面の支援を目的にさまざまな情報提供を行っていますが、介護や福祉系の学会による感染対策のセミナーも活発に行われるようになってきました。日本環境感染学会では厚生労働省の委託事業として、新型コロナウイルス施設内感染対策支援チームを設け、地域の感染制御の専門医師、看護師が施設を支援できるような体制作りを行っています。

第2章

福祉現場で活用する
スタンダード
プリコーション

スタンダード
プリコーションとは

医療・ケアを提供するすべての場所で適用される感染予防策で、標準予防策とも呼ばれます。すべての人は病原体を保有していると考え、患者・利用者の病気に関係なく、①血液、体液、分泌液（唾液、痰など）、②排泄物（尿、便）、嘔吐物、傷のある皮膚、粘膜、③使用した器具、器材には感染のおそれがあるものとし、手指衛生や個人防護具（PPE）の着用など感染のリスクを減少させる予防策を実施します。これは、利用者と職員自身の両方を感染から守るためのものです。

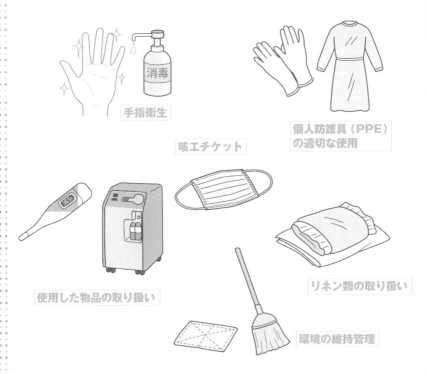

手指衛生

咳エチケット

個人防護具（PPE）
の適切な使用

使用した物品の取り扱い

リネン類の取り扱い

環境の維持管理

1 感染が成立する3つの要因

　スタンダードプリコーション（標準予防策）を具体的に学んでいく前に、感染が成立する（発生する）要因を見ていきます。感染が成立する3つの要因は「**感染源**」「**感染経路**」「**感受性宿主**」です。

① 感染源

　感染源とは、病原体に感染している人、病原体が含まれた嘔吐物や排泄物、病原体に汚染された物品や食品などで、こうした人や物などに近づかない、触れないことが感染源の排除となります。しかし、福祉現場で働く以上、利用者のケアにあたって、嘔吐物や排泄物に触れる可能性はありますので、スタンダードプリコーションの考え方が大切になってくるのです。

感染源の排除

② 感染経路

　感染経路とは、施設や家の中に病原体が入ってくる経路のことで、まず第一に自身が持ち込まないこと、また外部からやってくる人たちにも持ち込ませないことが重要です。そのため、手指衛生の徹底やマスクの着用などがすべての人に求められます。も

感染経路の遮断

し施設や利用者宅で感染が発生した場合は、今度はそれを外に持ち出さないことが求められます。感染の経路を断つことが組織としても個人としても必要です。

③ 感受性宿主

　免疫力が高い人であれば、病原体が身体
の中に入っても、自身の免疫の力でそれら
を抑え込んで発症させない、あるいは軽症
ですませることができますが、一方で、比較
的免疫力の低い高齢者や子どもの場合、感
染症にかかり発症する割合が高くなります。

　では、免疫力を高めるにはどうすればよ

免疫力の向上

いか、ですが、日頃から、栄養バランスの取れた食事を摂り、規則正
しい生活習慣（十分な睡眠）や適度な運動を心がけ、予防接種などを受
けて毎年流行するような感染症に対策を打っておくことが、とても重
要です。

　以上、感染が成立する3つの要因を見てきましたが、これらをシャッ
トダウンすることが感染予防の原則となります。つまり、**「感染源の排
除」「感染経路の遮断」「免疫力の向上」**です。このうち、感染源の排除、
感染経路の遮断を徹底するために私たちはスタンダードプリコーショ
ンをしっかりおさえておく必要があります。

2 施設で行われる　スタンダードプリコーション

　施設は集団で生活をする場です。特に高齢者介護施設は、感染症に
対する抵抗力の弱い高齢者が集団で生活しており、感染が広がりやす
い状況にあることを認識しておきます。感染自体をなくすことはでき
ませんが、**感染の被害を最小限にする**ことが重要です。職員は利用者と
日常的に長時間接するため、特に注意が必要です。標準予防策として、

手洗いのほか、血液や体液、嘔吐物、排泄物等を取り扱う時は手袋を着用し、飛び散る可能性がある際にはサージカルマスクやエプロン・ガウンを着用します。また、それ以外にケアに使用した器具の洗浄・消毒、環境対策、リネンの消毒等も実施する必要があります

3 在宅で取り組む スタンダードプリコーション

　在宅では、利用者の自宅でケアの提供を行うため、利用者や家族の価値観を尊重した上で、感染予防策を理解してもらう必要があります。また、在宅ケアは多職種からなるチームで行われるため、感染予防策をチームメンバーで統一し、共有しておく必要があります。

　訪問介護などでは利用者の自宅から自宅へと訪問するため、**職員自身が『感染の媒体』とならない**ことが重要です。利用者の病気や感染症の有無などの情報収集をしっかりと行い、訪問ごとに行うケアの内容に応じた標準予防策を徹底することが大切です。自身の健康管理、訪問時に着用する専用のウェアの準備、個人防護具（使い捨ての手袋やエプロン、ゴーグルなど）の所持などを心がけましょう。

　ケアの実施においては、介護施設と同様に、ケアの前後の手指衛生を基本とし、利用者の血液、体液、分泌物、嘔吐物、排泄物等を取り扱う時は手袋を着用し、飛び散る可能性がある場合にはサージカルマスクやエプロン（袖付き）、ゴーグル等を着用し、ケア終了時には適切な処理が必要です。

感染対策の3つの柱（感染予防の3原則）
● 感染源の排除　● 感染経路の遮断　● 免疫力の向上

2章

SECTION 1

福祉現場で活用するスタンダードプリコーション

手洗い（手指衛生）

手洗いには、日常的手洗いと衛生的手洗いの2通りがあります。日常的手洗いでは、出勤時や退勤時、食事の前、トイレの後などに、液体石けんを泡立て、15秒以上両手を擦り合わせて流水で洗い流します。一方、衛生的手洗いでは、手の表面の通過菌のすべての除去を目的に医療行為を行う前や利用者に触れるケアの前後などに、（目に見える汚れがあった場合）日常的手洗いを行った上で、アルコール手指消毒液を15秒以上、手指に擦り込みます。

手洗いの手順

① 流水で洗浄する部分をぬらす。

② 液体石けんを手のひらに取る。手のひらを洗う。

③ 手のひらで手の甲を包むように洗う。反対も同様に。

④ 指の間もよく洗う。

⑤ 指を洗う。

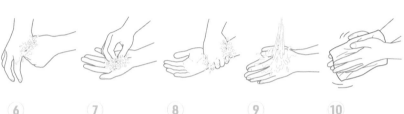

⑥ 親指の周囲を洗う。

⑦ 指先、爪もよく洗う。

⑧ 手首も洗う。

⑨ 流水で洗い流す。

⑩ ペーパータオル等で拭く。

1 手指衛生のポイント

　流水と石けんを用いた手洗いと、アルコール手指消毒液を用いた手指消毒が主な手指衛生の方法ですが、ポイントは、**適切なタイミング**で**確実な手指衛生**を実施することです。また、手洗い前の準備や注意点をおさえておきましょう。

① 手指衛生を行うタイミング

『1ケア・1手洗い』『ケア前後の手洗い』が基本です。

- 感染のおそれがあるものに触れた時
- 手袋を外した時
- 利用者の食事にかかわる時（食事の準備・介助の前後）
- 利用者の検温や血圧測定の前後
- 利用者の排泄ケアの前後
- 出勤時、退勤時、休憩前後
- 自身の食事の前や排泄後
- 清掃した後　　等

② 手洗い前の準備

- 爪は短く切り、時計や指輪を外しておきます。
- 液体石けんを用意します。
- 使い捨てのペーパータオルを準備します。ペーパータオルを清潔に取り扱うために壁に取り付けるなどの工夫も重要です。

手の甲側　　手のひら側

■ 洗い残しの多い部分
　やや洗い残しの多い部分

■ 図表2-1 手洗いミスの多い部位

③ 手洗い時の注意点

- 手指を流水で十分にぬらします。
- 手洗いのミスの多い部位（**指先・指の間・親指のつけ根など**）に注意して、手指全体を丁寧に擦り合わせます。
- 手の高さは腕より低くして、指先から水が落ちるように流水で十分にすすぎます。
- 手洗い後は使い捨てペーパータオルで両手の水分を十分に拭き取り乾燥させます。
- 水道栓は手の再汚染を防ぐために使用したペーパータオルで閉めます。

2 手指消毒のポイント

　衛生的手洗いには、石けんと流水での手洗いのほか、アルコール手指消毒液を用いた手指消毒も含まれます。目に見える汚染がない場合は、手指消毒だけで代替できますが、**手洗い＋手指消毒**を行うことが推奨されています。また、手指消毒は、食事や排泄、口腔ケアなど、利用者に直接触れるケアの前後、ベッドメイキングなど、利用者の生活環境に触れた後などに行います。

- 日常的な手洗いを行い、手が十分に乾燥してから行います。
- 消毒液は通常2〜3mL（製造元が推奨する量）を手のひらに取ります。
- よく擦り合わせることで、消毒液が角質層まで浸透し、消毒液の作用温度が上昇し消毒効果が上がります。
- よく擦り合わせた後は手が乾燥するまで待ちます。

■ 図表2-2 手指消毒

①消毒液を手のひら
に適量取る。

②手のひらをよく擦
り合わせる。

③両手の指先に消毒
液を擦り込む。

④手の甲に擦り込む。

⑤指の間にも擦り込む。

⑥親指にも擦り込む。

⑦両手首もよく擦り込む。

3 手荒れ防止対策

　手が荒れていると、手の皮膚表面の荒れた部分にブドウ球菌やグラム陰性桿菌などの細菌が定着しやすくなったり、皮膚のバリア機能が低下したりして、職員自身の感染リスクも高まります。そのため、以下の手荒れ防止対策が重要です。

❶ 手洗い後、手の水分をペーパータオルでよく拭いて十分に乾燥させ、ハンドクリームやハンドローション等の保湿剤を塗布します。

❷ ハンドクリームの共有は細菌汚染の原因になるため、個人専用またはチューブ式、ポンプ式を使用しましょう。また、手指消毒の消毒効果に影響を与えないものを選びます。

❸ 手荒れを起こしにくい、手指消毒液を選択します。皮膚への刺激性が少なく、保湿成分含有の製剤を選択しましょう。

2 章

SECTION 2

福祉現場で活用するスタンダードプリコーション

4 在宅ケアでの注意点

　手洗いに使用するタオルや石けんは、利用者宅のものは借りずに持参します。また、タオルは利用者ごとに1枚準備、もしくは使い捨てのペーパータオルを使用します。石けんは液体石けんを小分けにして持ち歩くと便利です。

　手洗いのタイミングは施設同様ですが、そのたびに洗面所を使用するため、利用者および家族に感染予防について説明をし、理解を得ておく必要があります。

　職員の多くは複数の利用者を担当するため、利用者宅に細菌やウイルス等の病原体を持ち込まないことが重要です。

　エレベーターのボタン、インターフォン、玄関のドアノブなど、多くの人が触る場所はウイルスが付着している可能性が高いです。また、利用者のケア中に手に付着した細菌やウイルス等の病原体を次に訪問する利用者宅に持ち込む可能性もあります。そのため、一軒の訪問が終了したら、訪問先を出る前、そして次の利用者宅の入室時には必ず、手洗いもしくは手指消毒を行ってください。職員も職業上の責務として手指の衛生を確保する必要があります。

5 うがいの基本とポイント

　手洗いとセットで推奨されているのが「うがい」です。

　のどは手と同じように空気に直接さらされる部分になります。うがいをすることで、口腔粘膜へ付着した細菌やウイルスをしっかり洗い流し、のどの粘膜に潤いと刺激を与え、**粘膜の働き（異物を排除する）を活性化する**ことで職員自身の感染を予防します。

うがいの手順

❶ うがいしやすい量の水やお茶などを口に含んで、口腔内を強くブクブクとゆすいで吐き出します。

❷ 再び水分を口に含んで、上を向いてのどの奥でガラガラとうがいをして吐き出します。

❸ ❷を数回繰り返します。

口をゆすぐ	1回目のうがい	2回目以降

食べかすや口の中の有機物を取るため水分を口に含み、ブクブクと口の中をゆすぐ。

上を向いて、喉の奥まで水分を落とし、ガラガラと15秒ほどうがいをする。水を吐き出す際に、周囲に飛び散らないよう、低い位置で行う等、注意を払う。

2回目以降も同様にガラガラとうがいをして、何回か行う。

　うがいを行うタイミングですが、外出先から事業所や自宅へ戻った際には、必ず行いたいものです。なお、利用者の家ではウイルスを広める可能性がありますので基本的には行いませんが、利用者・家族に求められた場合は、吐き出す水が周囲に飛び散らないよう、十分に気をつけて行います。

> 手指衛生の柱
> ●1ケア・1手洗い　●ケア前後の手洗い

個人防護具

個人防護具（PPE※）は、血液や体液との接触を最小限にするために身体を保護するものです。正しく使用すれば、病原体との接触や感染経路を断ち切ることができます。個人防護具は、行うケアの場面に応じて、必要なものを選んで使用します。ここでは、①手袋、②マスク、③ゴーグル・フェイスシールド、④エプロン・ガウンについて解説していきます。

※PPEとはPersonal Protective Equipmentのこと

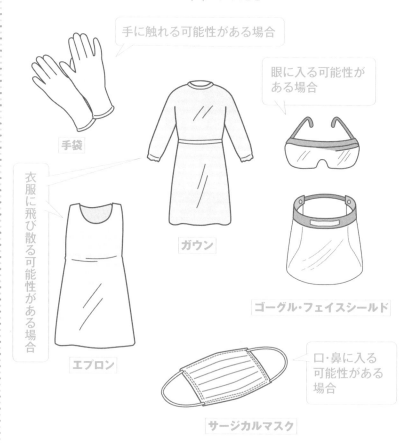

手に触れる可能性がある場合

眼に入る可能性がある場合

手袋

ガウン

衣服に飛び散る可能性がある場合

ゴーグル・フェイスシールド

エプロン

口・鼻に入る可能性がある場合

サージカルマスク

1 手袋の使用

① 目的

手袋は、標準予防策や接触感染予防策を行う上で、最も一般的で効果的な防護具です。

職員が血液、体液、排泄物、汚染物、傷のある皮膚等に触れる時や血液や体液などで汚染された物品や床などに触れる時、触れる可能性がある時は確実に着用します。

■ 着用のタイミング

- 口腔ケアや義歯を取り扱う時
- 痰の吸引を行う時
- 陰部洗浄、オムツ交換を行う時
- 傷のある身体や失禁している人の清拭時
- 排泄物を取り扱う時
- 汚染器材の洗浄時、血液や体液で汚染したリネン交換時
- MRSAなどの接触感染予防策が必要な利用者の部屋への入室時
- 自分の手指に傷がある時

② 注意点

使い捨ての手袋は、手袋をしたまま洗ったり、アルコール消毒を行っても手袋についた病原体を完全に取り除くことはできません。また、使い捨ての手袋には、ピンホールという小さな穴が開いている可能性があります。そのため、以下のことに注意します。

- ケア終了後は、手袋を外し、手指衛生を行います。
- 汚染された手袋は1回ごとに交換します。
- 長時間使用して汗をかいた場合は交換します(手袋内で常在菌の量が

増加）。

- 手袋の使用は、衛生的手洗いの代わりにはなりません。

③ 手袋の着脱方法とポイント

■ 図表2-3 手袋の着け方

最初に手指衛生　　手袋の手首部分を　手袋がどこにも触　同様に反対側の手　手袋でガウンの袖口
　　　　　　　　　持つ。　　　　　れないように装着　にも装着する。　　をしっかりと覆う。
　　　　　　　　　　　　　　　　　する。

■ 図表2-4 手袋の外し方

手袋の手首部分の　汚染された外側が　外した手袋を丸めて　もう一方の手袋も　最後にも手指衛生
外側をつまみ、内側　内側になるよう中　握り、手袋を外した　中表になるように
に触れないように　表に外していく。　指先を手袋と手首の　めくりながら外し、
手袋をめくる。　　　　　　　　　間に差し入れる。　廃棄する。

着脱時のポイントとしては、

- 自分の手のサイズにあった手袋を選択します。
- 装着時、どこにも触れないようにします。
- 手袋が破れたら、手指衛生を行った後、新しい手袋に替えます。
- 手袋を外す時は、手袋が外側の皮膚に触れないよう注意します。
- 手袋外側の汚染を内側に閉じ込めるよう裏返しながら外し、廃棄物専用容器に捨てます。
- 手袋を外した後は、すぐに手指衛生を行います。

2 マスクの使用

① 目的

着用者の鼻や口腔の粘膜を病原体汚染から守るため、また**着用者の呼気中に含まれる病原体を含む微生物の拡散を防ぐために**使用します。

マスクは、本来は、咳が出る利用者や飛沫感染予防策が必要な利用者の半径1メートル以内に近づく可能性がある際に着用するのが望ましいのですが、新型コロナウイルスによる感染のリスク軽減のために、常に着用していることが望ましいといえます。利用者、家族にも同様に着用してもらいましょう。

② マスクの着脱方法

着脱の方法は下記のとおりです。

■ 図表2-5 マスクの着け方

マスクを箱から取り出す。

表側の蛇腹を下向きにマスクの金具が上にくるように持ち、金具中央を鼻の形に曲げる。

ゴムバンドを耳にかけ、上部の金具を鼻と頬の形に合わせる。

マスクを下に引き、蛇腹部を広げてあごまで覆う。

■ 図表2-6 マスクの外し方

ゴムの部分を持って外し、表面は触らない。

手指衛生を行う。

③ 注意点

- 自分の顔の形にあったマスクを選択します。
- マスクの表・裏を確認します（説明書や使用方法を確認）。
- 金具（ノーズピース）を鼻の形に合わせ、鼻からあごにかけて口全体を覆い隙間ができないよう装着します。
- ぬれてしまうとフィルターが詰まり、効果が激減するため、新しいものに交換します。
- マスクを外す時は表面には触れず、ゴムの部分を持って外します。
- マスクを外した後は、手指衛生を行います。

④ 咳エチケット

　咳エチケットとは、咳やくしゃみの飛沫により感染症を周囲の人に感染させないために、個人が咳やくしゃみをする際にマスクやティッシュ・ハンカチ、衣服の袖を使って、口や鼻をおさえるといった社会的なマナーのことです。

　咳やくしゃみをすると、口や鼻から飛び出す微粒子（これを飛沫という）が**2メートルほど周辺に飛び散ります**。飛沫には水分が含まれており、その中にインフルエンザウイルスなどが含まれていると、周辺の人の鼻腔や口腔から侵入して感染させてしまいます。

　特にスタッフルームやデイサービスなどの人が集まる場所や対面でケアをする場合には咳エチケットを実践することが重要です。

正しい咳エチケット

❶ マスクを着用します。

マスクを持っていない場合は、

❷ ティッシュ・ハンカチなどで口や鼻を覆います。

❸ 上着の内側や袖で覆います。

とっさの時は、

❹ 手のひらではなく、肘で口元を覆います。

- 口と鼻を覆ったティッシュは、すぐにゴミ箱に捨てましょう。
- 手や肘で覆った時には、手に付着したウイルスなど、病原体をほかに広げないように手洗いなどを行いましょう。

	マスクがない時	とっさの時

マスクを着用する（口・鼻を覆う）。

ティッシュやハンカチなどで口・鼻を覆う。

肘で口・鼻を覆う。

⑤ サージカルマスクとN95マスク

サージカルマスクとN95マスクは性能だけではなく、使用する目的も大きく異なります。サージカルマスクは、マスクを装着した人から排出される微生物（病原体）を含む粒子が大気中に拡がるのを防ぐ目的で使用されます。N95マスクは、逆に微生物（病原体）を含む外気から、マスクを装着する人を守るために使用されます。

N95マスクは、捕集しにくいといわれる0.3μmの微粒子を95％以上捕集できることが確認されているマスクです。主に空気中に浮遊している時に長距離を経て感染性を維持する感染性病原体（麻しんウイルス、水痘ウイルス、結核菌など）の**空気感染を予防するために**使用します。

N95マスクを装着する際には、自分の顔に合ったものを選択し、装着後はユーザーシールチェック（フィットチェック）を忘れずに行うことが重要です。

■ 図表2-7 N95マスクのタイプ

カップ型	3つ折	くちばし型

⑥ ユーザーシールチェック（フィットチェック）

　N95マスクと顔の間から空気が漏れていないかどうか、正しく装着できているかを確認するもので、装着の度に行う必要があります。陽圧の確認は、装着して、N95マスクのフィルターの表面を手で覆ってゆっくり息を吐き、その際にN95マスクと顔の間から空気が漏れているように感じられればマスクの位置を修正して、再度行います。陰圧の確認は同様に手で覆ってゆっくり息を吸い込み、マスクが顔に向かって引き込まれれば陰圧のユーザーシールチェック（フィットチェック）は完了です。

豆知識　サージカルマスクの表と裏

サージカルマスクにはさまざまな色や形がありますので、表裏、上下を間違えないよう装着します。
金具の部分（ノーズピース）があるほうが上で、色がついている場合は、色が濃いほうが表となります。また、色がついていない場合はプリーツ（蛇腹）が下になるように装着します。プリーツの向きが中央で分かれている場合は、広げて膨らむほうを口側にします。

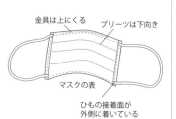

金具は上にくる
プリーツは下向き
マスクの表
ひもの接着面が
外側に着いている

（「地域連携に使える"はじめてさんの"の感染対策マニュアル」　メディカ出版, 2017より引用）

3 ゴーグル・フェイスシールドの使用

① 目的

血液や体液、分泌物などで汚染される可能性がある場合、**眼や鼻腔、口腔の粘膜を病原体汚染から保護する**ために使用します。

■ 着用のタイミング

- 口腔ケアや痰の吸引時
- 飛沫感染予防策が必要な時

ゴーグルは
耳の部分をつかんで
着脱します。

② 着脱の方法

ゴーグル・フェイスシールドの着脱は以下のとおりです。

1. 装着前に手指衛生を行います。
2. 顔・眼をしっかり覆うよう装着します。
3. 外す際には、ゴーグルは耳の部分、フェイスシールドはヘッドバンドの部分を持ちます。
4. 外側表面は汚染しているため、触れないように外します。
5. 脱いだ後には手指衛生を行います。

4 エプロン・ガウンの使用

① 目的

体幹部が血液や体液などで汚染される可能性がある場合に使用します。

② 注意点

感染防止のためにエプロン・ガウンは**防水性**であることが基本です。汚染範囲が広範囲で、衣服全体や腕を覆う必要がある場合には袖のつ

いたガウンタイプを選択し、汚染が体幹部に限定できる場合にはエプロンタイプを選択します。

■ 着用のタイミング

- 排泄物を取り扱う時
- 陰部洗浄、オムツ交換時
- 痰の吸引時
- 汚染器材や汚染リネンを取り扱う時や洗浄する時
- 接触感染予防策が必要な利用者にケアを実施する時

③ 着脱方法

■ 図表2-8 使い捨てのエプロンの着け方

プラスチックエプロンを首にかける。

腰ひもを広げる。

腰ひもを後ろで結ぶ。

■ 図表2-9 使い捨てのエプロンの外し方

首ひもをひきちぎる。

汚染面が内側になるように腰の辺りで折りたたむ。

適当な大きさにまとめ、腰ひもをひきちぎって外し廃棄する。

最後に手指衛生を行う。

着脱のポイント

① できるだけ表面に触らないようにして取り出します。

② 外す時は汚染表面に素手で触れないようにします。

③ 汚染を内側に閉じ込めていきます。

④ 個人防護具の着脱前の注意点

個人防護具を着脱する前に、長袖を着ている場合は袖を肘の近くまでまくり、腕時計をしている時は外しておきます。

⑤ 在宅ケアでのポイント

在宅における感染防止対策は、利用者および家族の協力なしでは実行不可能です。個人防護具を使用してケアを提供する必要がある時は、訪問前に利用者および家族に丁寧に説明し、理解を得ておく必要があります。

その上で以下の点について注意しましょう。

- 利用者の体調に関する情報収集に努めます。訪問時に体温を測定したり、体調の変化の有無を確認します。
- 個人防護具はいつでも使用できるよう持ち歩き、**必要な場面を適切に判断**し必要なものを使用します。
- エプロンは利用者ごとに交換し、ケアの内容によって防水性のあるものや、使い捨てのプラスチックエプロンを使用します。
- ごみ袋を持参し、汚染した手袋やエプロン、ゴーグル等は利用者ごとにごみ袋に入れて密閉して利用者宅で廃棄を依頼します。

個人防護具の適切な使用が感染予防の要

器具の洗浄・消毒

ケアに使用した器具類や周囲環境の洗浄・消毒は、感染症の有無に関係なく標準予防策の考えに基づいて行います。

> 基本的にアルコール消毒を行うが、
> 下痢などの症状がある利用者の場合は、
> 次亜塩素酸ナトリウムによる消毒を行う

物品

体温計

在宅酸素

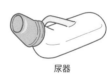

尿器

環境

トイレ

床

よく手が触れる場所

ドアノブ

リモコン

スイッチ

1 現場で汚染されやすい器具・環境

普段から使用している器具や環境が、利用者の血液、排泄物、汗以外の体液、傷などに触れる可能性があれば、標準予防策の対象となります。

器具類(例)

- 食事介助:コップや吸い飲み等の食器など
- 排泄介助:ポータブルトイレ、尿器、陰部洗浄用ボトル、オムツなど
- 医療処置:経管栄養チューブ、吸引器具など
- リネン類

環境面

- ドアノブ、エレベーターホールのボタン、手すりなど多くの人の手指が高頻度に接触する面

2 器具の洗浄・消毒の基本

器具類の洗浄・消毒等にはさまざまな方法があります。

■ 図表2-10 洗浄・消毒・滅菌の定義

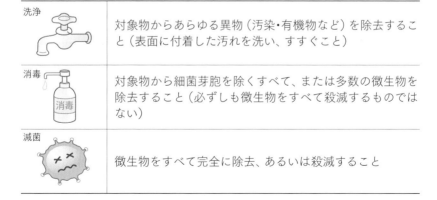

洗浄	対象物からあらゆる異物(汚染・有機物など)を除去すること(表面に付着した汚れを洗い、すすぐこと)
消毒	対象物から細菌芽胞を除くすべて、または多数の微生物を除去すること(必ずしも微生物をすべて殺滅するものではない)
滅菌	微生物をすべて完全に除去、あるいは殺滅すること

3 標準予防策に基づく消毒・滅菌の基本

消毒・滅菌の処理の目安として、スポルディングの分類（スポルディングが提唱した医療器具の処置方法における分類）があります。この分類に基づいて処理方法を選択します。

■ **図表2-11 スポルディングの分類**

分類	定義	処置	対象の器具（例）
クリティカル	皮膚や粘膜を貫通する、あるいは無菌の組織や血管に挿入されるもの	洗浄＋滅菌	手術器具、注射器、穿刺、縫合などの観血的な処置に使用される器具など
セミクリティカル	粘膜または創のある皮膚に接触するもの	洗浄＋高水準消毒	人工呼吸器、口腔内吸引カテーテル、内視鏡など
		洗浄＋中水準消毒	ネブライザー、哺乳瓶、乳首、口腔体温計など
ノンクリティカル	粘膜に接触しない、損傷のない皮膚と接触するもの、あるいはまったく皮膚と接触しないもの	洗浄＋低水準消毒	血圧計、酸素マスク、膿盆、ガーグルベースン、吸引瓶、薬杯、便器、尿器、壁、床、ベッド柵など

分類	定義	使用する消毒液
高水準消毒	細菌芽胞が多数存在する場合を除き、すべての微生物を死滅させる	過酢酸、グルタラール、フタラール
中水準消毒	細菌芽胞以外の結核菌、栄養型細菌、多くのウイルス、真菌を殺滅する	消毒用エタノール（アルコール消毒液）、ポピドンヨード、次亜塩素酸ナトリウム
低水準消毒	ほとんどの細菌、一部のウイルス・真菌は殺滅できるが、結核菌や細菌芽胞は殺滅できない	クロルヘキシジン、第四級アンモニウム塩（ベンザルコニウム塩化物）、両性界面活性剤

① 洗浄のポイント

消毒や滅菌を行う前に必ず洗浄を行います（洗浄を十分に行わないと、器具類は消毒・滅菌が不十分となってしまいます）。

- 個人防護具を着用し、実施します。
  血液・体液などの汚染を避けるため、防護具（エプロン・手袋・マスク・ゴーグル）を着用して行います。
- 洗浄を行うシンクは、手洗いシンクと別にします。
  洗浄時の水跳ねによる汚染を避けるため周辺に物を置かないようにします。
- 洗浄後は、すすぎ・乾燥を行います。
  汚染物や洗浄剤が器具類に残らないよう十分にすすぎを行い、細菌の繁殖を防ぐために乾燥します。
- 器材の保管は、十分に乾燥させてから行います。

② 消毒のポイント

消毒液の効果に影響を与える因子として、**「濃度」「温度」「時間」** の 3 つが重要です。

- 濃度
  消毒液には十分な効果を発揮する適正濃度が決まっています。
- 温度
  一般に高くなるほど殺菌力は強くなります。通常は20℃以上で使用するのが望ましいとされています。
- 時間
  消毒液と一定の接触時間（作用時間）が必要です。

2 章

SECTION 4

福祉現場で活用するスタンダードプリコーション

4 環境面の消毒・清掃

　職員や利用者が手でよく触れるところ（高頻度接触面）は、清拭や清掃を行います。

■ 図表2-12 接触面の清掃方法

	高頻度接触面（例）	低頻度接触面（例）
環境	ドアノブ、手すり、テーブル、電灯スイッチ、リモコン、水道の蛇口、トイレ周辺のドアノブや壁	床、壁、カーテン、ブラインド
清掃方法	原則1日1回以上、消毒用エタノール清拭 利用者に下痢などの症状がみられる場合は、次亜塩素酸ナトリウム液による清拭を行う	定期清掃（事業所・施設のマニュアルを作成し決める） 退室時や目に見える汚れがある場合に実施する 体液等が付着した時は、次亜塩素酸ナトリウム液を使用する
清掃のポイント	マスク、エプロン、手袋を着けて行う 清掃は、上方から下方へ、または奥から手前へ一方向に行う 汚染の少ないところから、汚染の多いところへ進める 細菌はほこりに付着し浮遊するので、ほこりをたてないように取り除く 床の清掃後は乾いた状態にしておく 洗面台は乾いた状態にしておく モップはこまめに洗浄し、乾燥させる 雑巾はできる限り利用者1人ごとに交換する	

上から下へ

奥から手前へ

汚れの少ないところから多いところへ

■ 図表2-13 ケアの現場で用いられる消毒薬

主な成分	商品名	特徴	濃度等
次亜塩素酸ナトリウム	ハイター、キッチンハイター	金属に対する腐食性が強い。プラスチックやゴムを劣化させる。物品・環境などに使用できる	濃度0.05～0.1%に薄めて使用※ハイターの場合：水1Lに10～25mL。使用の都度、必要な量を作る（70ページ参照）
消毒用エタノール（アルコール消毒液）（約80%）		物品・環境のほか皮膚にも使用できる。揮発性が高く、引火性がある。ノロウイルスに効かない場合あり	原液で使用する
クロルヘキシジン	ヒビスコール	速乾性手指消毒薬クロルヘキシジンのほか、エタノール（72.3w/w%）を含有する。ウイルスに対する効果は、期待できない（一部ウイルスには有効）	原液で使用する
ベンザルコニウム塩化物	アルボナース	速乾性手指消毒薬エタノール（59w/w%）、保湿剤を含有する。ベンザルコニウムは、結核菌および大部分のウイルスに対する効果は期待できない	原液で使用する

■ 図表2-14 次亜塩素酸ナトリウム液（0.05%以上）の作り方

メーカー（五十音順）	商品名	作り方の例
花王	ハイター	水1Lに本商品25mL（商品付属のキャップ1杯）
	キッチンハイター	
カネヨ石鹸	カネヨブリーチ	水1Lに本商品10mL（商品付属のキャップ1/2杯）
	カネヨキッチンブリーチ	
ミツエイ	ブリーチ	水1Lに本商品10mL（商品付属のキャップ1/2杯）
	キッチンブリーチ	

これらは、次亜塩素酸ナトリウムを主成分とする製品の例です。使用にあたっては、商品のパッケージやメーカーのホームページを確認してください。

2章 SECTION 4 福祉現場で活用するスタンダードプリコーション

■ 図表2-15 対象物による消毒方法

対象	消毒方法
嘔吐物、排泄物	・嘔吐物や排泄物で汚染された床は、手袋をして0.1%次亜塩素酸ナトリウム液で清拭し、その後、水拭きを行う
差し込み便器 （ベッドパン）	・熱水消毒器（ベッドパンウォッシャー）で処理（90℃・1分間） ・洗浄後、0.1%次亜塩素酸ナトリウム液で処理（5分間）
リネン・衣類	・熱水洗濯機（80℃・10分間）で処理し、洗浄後乾燥させる ・次亜塩素酸ナトリウム液（0.05〜0.1%）に浸漬後、洗濯、乾燥させる
食器	・自動食器洗浄器（80℃・10分間） ・洗剤による洗浄と熱水処理で十分である
まな板、ふきん	・洗剤で十分洗い、熱水消毒する ・次亜塩素酸ナトリウム液（0.05〜0.1%）に浸漬後、洗浄する
手すり、 ドアノブ、 食卓用テーブル、 職員ロッカー パソコン、電話機器	・消毒用エタノール（アルコール消毒液）で清拭する ・次亜塩素酸ナトリウム液（0.05%）で清拭を行った場合は、その後、水拭きを行う
浴槽	・手袋を着用し、洗剤で洗い、温水（熱水）で流し、乾燥させる
カーテン	・一般に感染の危険性は低い。洗濯する ・体液等が付着した時は、次亜塩素酸ナトリウム液で清拭する
送迎車	・手すり、ドアノブ、食卓用テーブルの消毒に準ずる

5 リネン類の取り扱い

- 使用済みのリネンはほこりをたてないように、内側へ丸め込むように取り扱います。

- 血液、体液、排泄物が付着した場合は、手袋を装着します（状況によっては、プラスチックエプロンやマスクを装着します）。

- 予備洗浄し、熱水洗濯機（80℃／10分間）で処理し洗浄後乾燥、または、次亜塩素酸ナトリウム液（0.05〜0.1%）浸漬後、洗濯、乾燥させます。

- 交換時の注意点として、清潔なリネンにはカバーをかけるなどして、使用済みリネンとは別に運ぶこと、交換の際には手指衛生を行ってから取り扱うことがあげられます。

対象に合わせて消毒液や消毒方法を
適切に選択する

感染経路別予防策

病原体の感染経路には、接触感染、飛沫感染、空気感染があります。感染症を発症した利用者や、感染症が疑われる利用者が発生した場合、標準予防に加えて、感染経路別予防策を実施します。

接触感染予防策

飛沫感染予防策

空気感染予防策

1 感染経路

主な感染経路と原因となる病原体について図表2-16にまとめました。

■ 図表2-16 主な感染経路と原因微生物

感染経路	特徴	主な病原体
接触感染	直接接触感染と間接接触感染がある 直接接触感染：感染のある利用者の血液、体液、排泄物などに直接接触することによる感染経路 間接接触感染：利用者の周囲環境や物品に触れることによる感染経路	ノロウイルス 腸管出血性大腸菌 メチシリン耐性黄色ブドウ球菌（MRSA） 新型コロナウイルス　等
飛沫感染	咳、くしゃみ、会話等で発生する、飛沫粒子（5μm以上）による感染経路。飛沫は、1〜2m程度の距離を飛散する	インフルエンザウイルス ムンプスウイルス 風しんウイルス 新型コロナウイルス　等
空気感染	咳、くしゃみ等で発生する飛沫核（5μm未満）が、空中に長時間浮遊し、空気の流れにより飛散して、これらの粒子を吸い込むことによる感染経路	結核菌 麻しんウイルス 水痘ウイルス　等

2 感染経路別の予防策

① 接触感染予防策

まず、手指の衛生を徹底することが基本です。それから、環境対策として少なくとも1日1回は、居室の清掃や高頻度接触面の消毒を行います。

接触感染を防ぐために、適切な個人防護具を選択して着用します。ケア時は、手袋を着用し、同じ人のケアでも、便や創(きず)、膿(うみ)などに触れる場合は手袋を交換しましょう。汚染物との接触が予想される時は、ガウンを着用します。

また、周囲に感染を広げてしまう可能性が高い場合は、原則として個室での管理ですが、施設では、同病者の集団隔離とする場合もあります。利用者が室外に出る時には、マスクを装着し、手指衛生をしてもらうなど、利用者自身に協力を得ることも必要です。

なお、居室に特殊な空調を設置する必要はありません。

② 飛沫感染予防策

飛沫感染予防の場合、個人防護具の適切な選択が必要です。ケア時はサージカルマスク、手袋、ガウンまたはエプロン、ゴーグルまたはフェイスシールドを装着します。

飛沫感染が疑われる症状のある利用者には、呼吸状態により着用が難しい場合を除き、原則としてサージカルマスク着用をしてもらいます。可能であれば、利用者が咳やくしゃみをする際は、咳エチケットなどの協力を得ることも必要です。

原則として個室管理ですが、同病者の集団隔離とする場合もあります。隔離管理ができない時は、ベッドの間隔を2メートル以上あける、あるいは、ベッド間をカーテンで仕切る等で対応します。

また、居室に特殊な空調は必要なく、ドアや窓を開けるなどのこまめな換気を行います。

③ 空気感染予防策

空気感染する感染症のうち、結核の疑いが強い場合は、入院による治療が必要です。病院に移送するまでは、原則として個室管理とします。入退室以外は、部屋の扉を閉めておきます。新鮮な空気の換気を十分に行います。

職員は標準予防策に加えて高性能マスク（N95マスク）を着用します。利用者に高性能マスクを装着させてはいけません。高性能マスクは、利用

者に呼吸困難を生じさせ、また咳などでマスク内圧が高まるとマスクと顔の間に隙間ができ、マスク内の空気が漏れ出す可能性があります。

■ 図表2-17 標準予防策＋感染経路別予防策

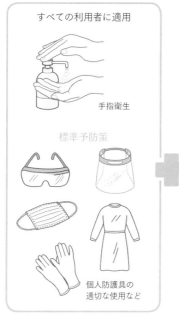

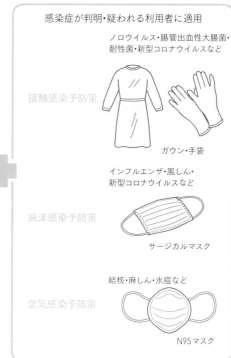

すべての利用者に適用

手指衛生

標準予防策

個人防護具の
適切な使用など

感染症が判明・疑われる利用者に適用

接触感染予防策

ノロウイルス・腸管出血性大腸菌・
耐性菌・新型コロナウイルスなど

ガウン・手袋

飛沫感染予防策

インフルエンザ・風しん・
新型コロナウイルスなど

サージカルマスク

空気感染予防策

結核・麻しん・水痘など

N95マスク

- 通常のケアでは標準予防策を実施
- 感染症発症時・疑われる時は、
  感染経路別予防策を追加

第**3**章

主な感染症の知識

1

感染症の基本

感染症とは、ウイルスや細菌、真菌、原虫、寄生虫などの微生物が
人の身体の中に入り込んで引き起こす病気のことです。

1 感染症の基礎知識

　感染症の原因となる微生物を**病原体**といい、この病原体が身体の中に入ってくる主な経路（感染経路）には、「**接触感染**」「**飛沫感染**」「**空気感染**」の3つがあります。このほかに、食べ物や飲み物と一緒に飲みこむことで感染する「**経口感染**」や傷口や粘膜に病原体が入り込む「**血液感染**」、母親から子どもへの「**母子感染**」など、一口に感染といってもさまざまな経路があることを覚えておきましょう。

　病原体が身体に入り込んでから症状が出るまでの期間を「**潜伏期間**」といい、病気ごとに異なります。感染から1日で発症する潜伏期間の短いものもあれば、HIV（ヒト免疫不全ウイルス）のように発症まで10年以上かかるものもあります。

　感染症の最大の対策は予防に尽きます。病原体が潜んでいる箇所を消毒することでやっつけること（**感染源の排除**）、マスクや手洗い、うがいによって病原体が入ってくる感染経路を断つこと（**感染経路の遮断**）、この2つが感染予防の最大の対策です。

　また、免疫力を高めておくことで、病原体が入ってきても発症させないようにすること（**免疫力の向上**）も大事な視点です。ただし、高齢者などの場合は免疫力が落ちていることも多く、感染症に弱いため、流行する前にワクチンを接種することでその病気に対する免疫力を高めて準備しておくことが有効な予防策です。

　ワクチンは、毒性を弱めた病原体から作られており、これを接種することで、あらかじめ、その病原体に対する抵抗力をつける（免疫をつける）というものです。高齢者に限らず、日頃から疲れていたり、仕事が忙しい人も免疫力が下がっている傾向がありますので、毎年流行するインフルエンザなどはワクチンを接種しておくと安心です。

2 感染症にかかってしまったら

　感染症に感染してしまった場合は、人にうつす可能性があることから
すぐに医療機関を受診することが推奨されます。病院等に行き、抗菌薬
や抗ウイルス薬などの薬を処方してもらって病原体をやっつけることが
第一ですが、病原体によっては、薬が効かないものもあり、その場合は解
熱薬や鎮痛薬などによる「対症療法」で対応していくことになります。

3 基本的な感染症を知っておく

　病原体によってワクチンの有無や薬の有無はさまざまです。しかし、
なかには薬もなく、致死率の高い危険な感染症や致死率は低くても一度
感染したら治せない感染症などもあります。こうした知識をきちんとお
さえておくことで、いざという時に対応できるようになります。
　主な感染症については、SECTION 2以降で詳しく解説していきます
が、ここでは、国が定めている感染症の分類について紹介しておきます。

① 一類感染症
　ここには、エボラ出血熱、ペストといった致死率が高く、危険性が極め
て高い感染症が分類されています。

② 二類感染症
　二類には、鳥インフルエンザや結核のような一類ほどではなくとも感
染した場合に危険性が非常に高いものが分類されています。

③ 三類感染症
　集団感染を起こしうる感染症が分類されています。

■ 図表3-1 感染症法※による感染症の分類

分類	規定されている感染症	定義
一類感染症	エボラ出血熱、ペスト、ラッサ熱等	感染力や罹患した場合の重篤性からみた危険性が極めて高い感染症
二類感染症	結核、SARS、MERS、鳥インフルエンザ(H5N1、H7N9)等	感染力や罹患した場合の重篤性からみた危険性が高い感染症
三類感染症	コレラ、細菌性赤痢、腸管出血性大腸菌感染症、腸チフス等	特定の職業への就業によって感染症の集団発生を起こしうる感染症
四類感染症	A型・E型肝炎、狂犬病、マラリア、デング熱等	動物、飲食物等の物件を介して人に感染する感染症
五類感染症	インフルエンザ、感染性胃腸炎、メチシリン耐性黄色ブドウ球菌（MRSA）感染症、ウイルス性肝炎（A型・E型を除く）、性器クラミジア感染症等	国が感染症発生動向調査を行い、その結果に基づき必要な情報を国民や医療関係者などに提供していくことによって、発生・拡大を防止すべき感染症
新型インフルエンザ等感染症	① 新型インフルエンザ ② 再興型インフルエンザ	① インフルエンザのうち新たに人から人に伝染する能力を有することとなったもの ② かつて世界的規模で流行したインフルエンザであってその後流行することなく長期間が経過しているもの
指定感染症	政令で新型コロナウイルス感染症を指定	現在、感染症法に位置づけられていない感染症について一〜三類および新型インフルエンザ等感染症と同等の危険性があり、措置を講ずる必要があるもの

※感染症の予防及び感染症の患者に対する医療に関する法律

④ 四類感染症

　動物や飲食物などを介して感染する感染症で、狂犬病やマラリアなど危険なものが分類されていますが、日本では稀な感染症です。

⑤ 五類感染症

　比較的危険度は下がるものの、感染拡大を防いでいく必要のある感染症が分類されています。

⑥ 新型インフルエンザ等感染症

まだ誰も免疫をもっていない新型インフルエンザやかつて大流行した再興型インフルエンザが分類されています。

⑦ 指定感染症

新型コロナウイルスはここに入り、一〜三類および新型インフルエンザ等感染症に分類されない既知の感染症の中で、一〜三類に準じた対応の必要がある感染症が分類されます。

これらの感染症について、一〜四類、五類感染症の一部、新型インフルエンザ、再興型インフルエンザ、指定感染症はただちに保健所へ届け出を行うことが求められています（診断をした医師が届け出を行います）。

> 感染経路や症状の特徴など
> 『敵（感染症）をよく知ることが
> 対策のはじめの一歩』

病原体の大きさについて

感染症を引き起こす病原体は目には見えないサイズであることがほとんどです。

疥癬の原因となるヒゼンダニの雌で400μmほどの大きさで、細菌になるとさらに小さくなって0.5〜3μm。これは光学顕微鏡でなんとか見ることができるサイズです。インフルエンザウイルスやコロナウイルスなどのウイルスは極めて小さく、約10〜200nmとなり、電子顕微鏡でしか見ることはできません。

なお、μm（マイクロメートル）はmm（ミリメートル）の1000分の1、nm（ナノメートル）はμmの1000分の1です。小さすぎてイメージが湧きませんが、わかりやすくたとえると、人が地球の大きさだとしたら、細菌がゾウくらいで、ウイルスはネズミほどの大きさになります。ネズミ（ウイルス）が暴れまわることで地球（人）がときに危うくなるのです。

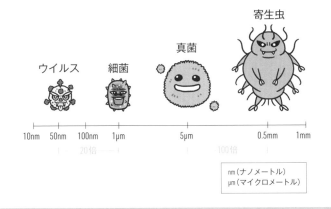

3章
SECTION 1
主な感染症の知識

57

インフルエンザ
（インフルエンザウイルス）

インフルエンザは、病原体であるインフルエンザウイルスに
感染することによって起こる呼吸器の病気です。

**新型インフルエンザ
ウイルス**
鳥や豚インフルが変異して
凶悪化。誰も免疫を持たない
ため流行する。

**インフルエンザ
ウイルス**
毎年流行しておなじみ
の悪いヤツ。マスクや
手洗いに弱い。

**鳥インフルエンザ
ウイルス**
基本的に鳥にしか感染
しない。ごくまれにヒ
トにもうつる。

1 インフルエンザの特徴

① 流行の時期

インフルエンザ（季節性インフルエンザ）の流行の時期は、**例年12月から3月頃**です。ピークは、その年によって異なりますが、1月下旬から2月上旬頃です。

② 症状の特徴

38℃以上の発熱（高熱）や、**頭痛、腰痛、関節痛、筋肉痛、全身倦怠感などの症状（全身症状）**が、比較的急速に現れます。全身症状と同時に、あるいは少し遅れて、普通の風邪と同じように、のどの痛みや鼻汁、くしゃみ、咳などの症状もみられます。症状は、3〜5日ほど続き、1週間ほど長引く場合もあります。なお、高齢者では、発熱が顕著でない場合があるので注意が必要です。

また、高齢者の場合、重症化しやすく、気管支炎や肺炎などを合併し、死亡に至ることもあります。参考までに、国内ではこの数年、インフルエンザによる死亡者が増加傾向にあり、厚生労働省の「人口動態統計」によると、2018（平成30）年は3,325人で、その大半が高齢者でした。

③ 潜伏期間

インフルエンザの潜伏期間は、**通常1〜3日くらい**で、その後、発症すると急速に全身症状が現れます。早い人は24時間前後、遅い人は4、5日後で、長くても7日後には発症するとされています。

感染した人が、他の人にうつすおそれのある時期は、発症の前日から、症状が消失して2日後までとされています。免疫力が高い人やワクチンを接種した人の場合、発症しても軽症ですみ、インフルエンザ

の感染に気づかない場合もあります。

④ 感染経路

インフルエンザの感染経路は、飛沫感染（くしゃみや咳で飛び散ったウイルスを直接吸い込むことで発症）、接触感染（くしゃみや咳によってウイルスの含まれたつばが電車やバスのつり革、ドアノブ、手すり、カーテンなどに付着。そのウイルスを口にしたり、鼻粘膜に接触することで発症）、空気感染（くしゃみや咳で飛び散った、つばの水分が蒸発し、つばの中にいたウイルスが空気中を漂い、そのウイルスを吸い込むことで発症）の3つですが、**最も主要な感染経路は、飛沫感染**です。

感染予防策は、46ページの感染経路別予防策を参照してください。

2 発症した場合の対応・治療

利用者および自分自身に症状がみられたら、インフルエンザウイルスの感染を疑い、早めに医療機関を受診し、検査を受けます。

インフルエンザを疑う段階から、飛沫感染予防策として、**個室対応を基本とします。**施設において、複数の入所者が発症し、個室が足りない場合は、同じ症状の人を同室とします。室温などに配慮しながら、こまめに換気することも重要です。

咳などの症状がある場合、飛沫感染対策として、咳エチケットを徹底します。ケアをする職員も、サージカルマスクを着用します。

感染者は、人混みや繁華街への外出を控え、通所先や職場などにも行かないようにします。そして、安静にして、十分な睡眠と栄養、水分をとります。

インフルエンザと診断された際の治療では、タミフルやリレンザなどの**抗インフルエンザ薬の処方**を受け、インフルエンザウイルスの増

殖を抑えます。なお、抗インフルエンザ薬の効果は、症状が出始めてからの時間や病状により異なるので、使用するかどうかは、医師の判断によります。

抗インフルエンザ薬の服用を、発症から48時間以内に開始すると、発熱期間は、通常1～2日間短縮され、のどや鼻からのウイルス排出量が減少します。

職員が発症し、仕事を休んだ場合、職場への復帰は、勤務先の事業所・施設の規則に従います。一般的に、「**発症した後5日を経過し、かつ、解熱した後2日を経過するまで**」を出席停止期間としている、学校保健安全法の規定に沿います。

3 予防接種

インフルエンザには免疫をつけるためのワクチンが存在します。そこで児童や高齢者など免疫力の低い人たちは**インフルエンザワクチンの接種**が推奨されています。

ワクチンを接種すれば絶対に感染しないとはいいきれません。なぜなら、流行するインフルエンザにはA型とB型があり、毎年流行する型が異なるため、あくまでも流行が予想されるウイルスを用いてワクチンが製造されているからです。その予想が外れれば、発症は防げません。しかし、重症化を防ぐことができるといわれています。

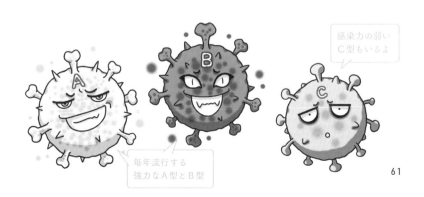

感染力の弱い
C型もいるよ

毎年流行する
強力なA型とB型

3章

SECTION 2

主な感染症の知識

なお、ワクチンは、1回の接種により、約2週間で抗体が増え、効果が期待できます。一方、抗体は3〜6か月で徐々に減少するので、毎年流行前に接種を受ける必要があります。流行前に抗体を作っておくことが大切なので、12月までには接種を終えることが望ましいといわれています。

　予防接種の費用については、各市区町村が税金で補助し、自己負担を軽減する仕組みがあります。

■ ワクチンができるまで

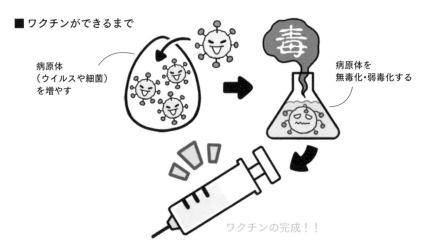

病原体
（ウイルスや細菌）
を増やす

病原体を
無毒化・弱毒化する

ワクチンの完成！！

インフルエンザ対策の柱
● 手洗い、うがい、マスク着用（咳エチケット）
● 予防接種も忘れずに

新型インフルエンザについて

季節性インフルエンザは、その原因となるウイルスの抗原性が、小さく変化（変異）しながら、毎年流行しています。それに対して、新型インフルエンザは、抗原性が大きく異なるウイルスが現れ、多くの人が免疫を獲得していないことから、急速にまん延することによってパンデミックを引き起こします。

過去の例としては、1918 〜 1919（大正 7 〜 8）年のスペインインフルエンザや、1968 〜 1969（昭和43 〜 44）年の香港インフルエンザ、2009 〜 2010（平成21 〜 22）年の新型インフルエンザA（H1N1）pdm2009などです。一方、多くの人が、新型インフルエンザに対して免疫を獲得するにつれ、季節性の流行を繰り返すようになってきました。新型インフルエンザA（H1N1）pdm2009についても、2011年4月から、季節性インフルエンザとして取り扱われるようになっています。

ノロウイルス感染症

（感染性胃腸炎・食中毒）

（ノロウイルス）

ノロウイルス感染症は、病原体であるノロウイルスに
感染することによって急性胃腸炎を引き起こす病気です。

ノロウイルス
施設などで集団感染のリス
クがある要注意ウイルス。
アルコール消毒に強い。

要注意

●■ホーム

1 ノロウイルスの特徴

① 流行の時期

　ノロウイルス感染症は、1年を通して発生していますが、流行の時期は、**11月〜3月**です。1月〜2月に、流行のピークとなる傾向があります。

② 症状の特徴

　主な症状は、**吐き気、嘔吐、腹痛、下痢**で、通常は 1 〜 2 日続いた後に治ります。**初期症状は、嘔吐と下痢で、噴射するような激しい嘔吐や水様便が特徴**です。繰り返す激しい嘔吐や下痢はノロウイルス感染症を疑います。

　また、ノロウイルスは小腸で増殖するため、感染した人の便には、大量のウイルスが含まれています。加えて、嘔吐の症状が激しい時は、小腸の内容物とともにウイルスが排出されます。このため、便と同様に、嘔吐物の中にも大量のウイルスが存在し、感染源となるので、これらの処理には十分注意する必要があります。

　少量のウイルス（100個以下）でも感染し、**集団感染を起こす**ことがあります。高齢者の場合は重症化したり、嘔吐物を誤って気道に詰まらせて、死亡に至ることもあります。参考までに、厚生労働省の「人口動態統計」によると、ノロウイルスを原因（病原体）の1つとする「感染性胃腸炎」による死亡者は、2018（平成30）年は2,363人となっています。

③ 潜伏期間

　ノロウイルスの潜伏期間は **1 〜 2 日（24 〜 48時間）**です。

④ 感染経路

ノロウイルスの**主な感染経路は、接触感染**（経口感染を含む）です。

皆さんもご存じのとおり、汚染された貝類（牡蠣などの二枚貝）を生食あるいはよく加熱せずに食べた場合に感染します（85℃以上で90秒間以上の加熱を行うと感染力を失うとされています）。

また、感染者が調理した食品を介して感染することもあります。なお、汚染された食品を食べて発生したものは、「食中毒」として位置づけられます。感染者の嘔吐物や排泄物による接触感染や嘔吐した際に出た飛沫による飛沫感染、さらに嘔吐物や排泄物に含まれたウイルスが乾燥してほこりに付着し、それを吸い込むことで感染する空気感染の可能性（厳密には塵埃感染）も報告されています。

感染予防策は、46ページの感染経路別予防策に加えて、第4章の食中毒の知識を参照してください。なお、**ノロウイルスに対しては、ワクチンはありません**ので**予防策の徹底**が何よりも重要となります。

■ 感染経路

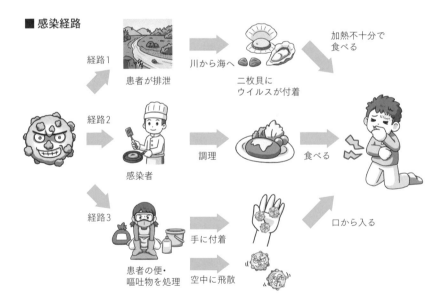

経路1　患者が排泄　川から海へ　二枚貝にウイルスが付着　加熱不十分で食べる

経路2　感染者　調理　食べる

経路3　患者の便・嘔吐物を処理　手に付着　空中に飛散　口から入る

2 発症した場合の対応

　前述の初期症状がみられ、ノロウイルス感染症の疑いがある段階から、接触感染予防策として**個室対応を基本とします。**施設において、複数の入所者が発症し、個室が足りない場合は、同じ症状の人を同室とします。また、施設などにおいては、嘔吐や水様便を発症した人が、24時間のうちに、2人以上になった場合、責任者の指示のもと、感染ルートの確認や面会の制限、入所者・職員等の継続的な体調確認、消毒の徹底、医療機関や市区町村、保健所等との連絡・連携、経過の記録など、集団感染とその拡大を防ぐための緊急体制を作ります。

　嘔吐の症状がある人の食事は、様子をみながら対応します。一方、嘔吐や下痢の症状が続くと、脱水を起こしやすくなるため、水分補給が必要です。**口からの水分補給が難しい場合は、補液（点滴）が必要となるので、早めに医療機関を受診**します。

　嘔吐した人の近くにいたり、嘔吐物に触れたりした可能性のある人は、潜伏期間（48時間）を考慮して、様子をみます。

　なお、ノロウイルスには、ウイルスの増殖を抑える薬はなく、**整腸薬や痛み止めなどの対症療法**で対応することになります。

　高齢者の場合、嘔吐物を気道に詰まらせることがあるため、**窒息しないよう気道確保**を行います。施設などでは、速やかに吸引できるよう、日頃から体制を整えておきましょう。

3 嘔吐物と排泄物の処理

　嘔吐物や排泄物の処理中に**接触感染や飛沫感染で二次感染しない**ように以下の内容を徹底して行います。

3 章

SECTION 3

主な感染症の知識

① 嘔吐物の処理手順

- **使い捨てのガウン（エプロン）**、マスク、手袋を着用します。
- 嘔吐物が床などにあった場合には、周囲2メートルくらいは汚染していると考え、濡れたペーパータオルや布などを、嘔吐物にかぶせて、拡散を防ぎます。
- ペーパータオルや布などで、外側から内側に向けて、面を覆うように、静かに拭き取ります。
- 次亜塩素酸ナトリウム液（0.1%〔1,000ppm〕）で、浸すように拭き取り、その後は水拭きをします。なお、使用したペーパータオルや布などは、ビニール袋に入れて廃棄します。この際、廃棄物が十分浸る量の次亜塩素酸ナトリウム液（0.1%〔1,000ppm〕）を、ビニール袋に入れることが望ましいとされています。
- 次亜塩素酸ナトリウム液の使用中・使用後は、換気を十分に行います。換気は、ウイルスを屋外に出すという点でも大切です。
  ※施設などでは、嘔吐物の処理用品を入れた処理用キットを、いつでも使用できるように用意しておきます。

■ 図表3-2 嘔吐物の処理方法

1		窓を開けて換気をよくし、手袋・マスクを着用する（感染拡大防止のため）
2		使い捨ての布やペーパータオルで中心部へかき集めるようにして嘔吐物を拭き取り、ビニール袋に入れて口を縛る
3		0.1%（1000ppm）消毒液を浸したタオルで10分間覆い（ノロウイルスを失活させる）、その後、水拭きをする。畳、カーペット等消毒液を使用できない際は、熱湯・スチームアイロンをかけることも有効（90℃ 90秒間以上加熱）
4		汚物の入った袋と使い捨て手袋をビニール袋に入れて口を縛り、廃棄する
5		終了後、必ず手を洗う

② 排泄物の処理手順

- 使い捨てのガウン（エプロン）、マスク、手袋を着用します。

- オムツなどは、外したら速やかに閉じて、便などを包み込みます。そして、ビニール袋に入れて廃棄します。この際、廃棄物が十分浸る量の次亜塩素酸ナトリウム液（0.1%〔1,000ppm〕）を、ビニール袋に入れることが望ましいとされています。

- トイレの使用の場合も、換気を十分にして、便座やその周囲を次亜塩素酸ナトリウム液（0.05%〔500ppm〕）で十分に消毒します。

- 使用した洗面所なども、よく洗い、次亜塩素酸ナトリウム液（0.05%〔500ppm〕）で消毒します。

- 処理後は、手袋、ガウン（エプロン）、マスクを外して、液体石けんと流水で丁寧に手を洗います。

- 次亜塩素酸ナトリウム液の使用中・使用後は、換気を十分に行います。

③ その他リネンなどの処理について

- 便や嘔吐物が付着した衣服やシーツ類は、周囲を汚染しないように気をつけながら、付着しているものを静かに洗い流した後、**85℃以上、90秒間以上の熱湯消毒・熱水洗濯**を行います。それができない場合は、次亜塩素酸ナトリウム液（0.05%〔500ppm〕）で消毒の上、洗濯・乾燥を行います。

- 感染した人が使用した食器類は、蓋付きの容器に次亜塩素酸ナトリウム液（0.05%〔500ppm〕）を作り、そこに食器類を入れて消毒の上、洗剤で洗浄します。なお、食事中の嘔吐により汚染された食器類は、次亜塩素酸ナトリウム液（0.1%〔1,000ppm〕）で消毒します。

- 職員がノロウイルスに感染した場合、症状が出ている間は、仕事を休みます。症状がおさまって復職後も、しばらくは便からウイ

ルスを排出することを考慮し、一定期間は仕事の内容を制限したり、食品を扱う業務から外れたり、トイレの後の液体石けんと流水による手洗いを入念に行うなどの対策を行います。

ノロウイルス対策の柱
● 予防策の徹底
● 次亜塩素酸ナトリウムの活用

コラム

次亜塩素酸ナトリウム液の希釈について

現場で使用する次亜塩素酸ナトリウム液（消毒液）は、用途に合わせて、水で希釈して作ります。用途に合わせた必要な濃度を、以下に改めて記します。

用途	必要な濃度
便や嘔吐物が付着した床やオムツなどの消毒	0.1％（1,000ppm）
衣服や便座、食器類、浴槽、手すりなどの消毒	0.05％（500ppm）

市販の次亜塩素酸ナトリウム液（原液）は、塩素濃度が1％、5％、6％、12％などと製品によって異なります。下記の計算式にて、希釈に必要な次亜塩素酸ナトリウム液（原液）の量を算出します。
希釈に必要な次亜塩素酸ナトリウム液（原液）の量＝
（作りたい消毒液の量）×（作りたい消毒液の濃度÷原液の濃度）

例えば、5％の次亜塩素酸ナトリウム液（原液）を用いて、必要な濃度0.1％の消毒液を1,000mL（1L）作りたい場合、1000mL×（0.1％÷5％）＝20mL、となります。

■ 消毒液の作り方

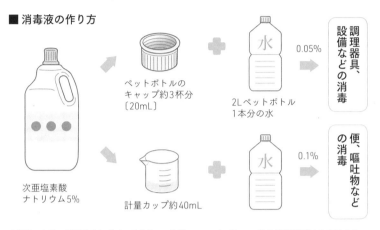

次亜塩素酸
ナトリウム5％

ペットボトルの
キャップ約3杯分
〔20mL〕

2Lペットボトル
1本分の水

0.05%

調理器具、設備などの消毒

計量カップ約40mL

0.1%

便、嘔吐物などの消毒

※希釈した液の使用時は必ずゴム手袋をして作業し、ペットボトルには必ず「消毒液」と表示する。

注意

希釈した次亜塩素酸ナトリウム液は、次第に効果が薄れていきますので、基本的には作り置きせず、使い切りましょう。また、次亜塩素酸ナトリウムは皮膚への刺激が強いため、手指消毒には使えません。注意してください。

よく、「混ぜるな危険！」と注意書きされた漂白剤や洗剤がありますが、次亜塩素酸ナトリウムもトイレ用洗剤などの強酸性物質と混ぜると有毒ガスが発生します。そのため換気をよくして、必要最少量の使用に留めることが重要です。

3章

SECTION 3

主な感染症の知識

疥癬（ヒゼンダニ）

疥癬は、ダニの一種であるヒゼンダニが病原体となり、
皮膚に寄生することによって起こる皮膚の病気です。

通常の疥癬
感染力が弱く、乾燥
にも弱いが、かゆみ
は強い。

角化型疥癬
感染力がハンパな
い。徒党を組んで
暴れまわるヤツら。
でも乾燥には弱い。

1 疥癬の特徴

① 流行の時期

疥癬の場合、発生の時期に特徴はなく**1年中**です。

② 症状の特徴

腹部、胸部、大腿（太もも）内側などに、**紅斑**（皮膚表面が発赤を伴った状態）、**丘疹**（皮膚から盛り上がったブツブツ状の発疹）、**鱗屑**（皮膚〔角質層〕がガサガサに剥がれ落ちた状態）などの**皮疹**（皮膚に出現する肉眼的変化である発疹）が生じ、**激しいかゆみ**を伴います。

疥癬は、**早期発見が大事**です。普段から皮膚の観察を行い、以下のような皮膚の状態を確認したら、疥癬を疑います。在宅や施設など、ほかの場所から移ってきた人については、とりわけ気をつけて観察します。

皮膚の搔痒感（かゆみ）があり、特に、夜間にかゆみが強くなる傾向があります。皮膚を観察すると、赤い乾燥した皮膚の盛り上がりがあります。また、**疥癬トンネル**という、線状の皮疹が、手の平や手指の間に認められます。

男性の場合、臀部や陰のう部に、強いしこり（結節）が認められることがあります。

疥癬の病型には、**通常の疥癬**と**重症の疥癬**（角化型疥癬〔痂皮型疥癬〕）があります（図表3-3参照）。角化型疥癬は感染力が強く、**集団感染**を引き起こす可能性があります。早期発見に努め、適切な治療を行うことが必要です。なお、角化とは、厚い垢が増えたような状態（角質増殖）、痂皮とは、かさぶたを意味します。

ヒゼンダニは、乾燥に弱く、皮膚から離れると比較的短時間（2～3時間ほど）で死滅します。また、熱にも弱く、**50℃以上・10分間**の加熱で死滅します。

	通常の疥癬	重症の疥癬（角化型疥癬）
ヒゼンダニの寄生数	数十〜1000匹	100〜200万匹
感染した人の免疫力（病気全般に対する抵抗力）	正常	低下している（低下している人が発症する）
感染力（他の人にうつす力）	弱い	非常に強い
主な症状	丘疹（赤いブツブツ）、疥癬トンネル	厚い垢が増えたような状態（角質増殖）、疥癬トンネル
かゆみ	強い	不定
症状が出やすい部位	胸、腹、太もも、手指	手や足など

③ 潜伏期間

　通常の疥癬の潜伏期間は、1〜2か月です。感染後1〜2か月の間に、多数のヒゼンダニが増殖し、発症に至ります。なお、角化型疥癬を感染した人から感染を受けた場合は、多数のヒゼンダニが移るので、**潜伏期間も4〜5日**と、非常に短くなります。

④ 感染経路

　基本的に**接触感染**です。直接的な人から人（皮膚から皮膚）への接触感染のほかに、稀ですが衣服や布団、リネン類から間接的に感染することもあります。角化型疥癬の場合は、感染者からはがれた皮膚にも多数のヒゼンダニが含まれており、それに肌が触れることで感染することもあります。

2 発症した場合の対応・治療

前述の症状がみられたら、ヒゼンダニによる感染を疑い、直ちに医療機関を受診し、皮膚科専門医の診察を受けます。特に、皮膚が角化している角化型疥癬の場合、ヒゼンダニの数が多く感染力が強いため、治療が遅れると他の人に感染を広げてしまいます。そのため至急の対応が必要です。また、感染力の強い角化型疥癬の場合、施設などでは、接触感染予防策として、個室での隔離対応を行います。その際、感染した本人等への説明と同意を得て、尊厳を損ねないように配慮します。なお、隔離期間は、治療開始後1〜2週間とされています。

治療には、ヒゼンダニを殺すことを目的とした、飲み薬（イベルメクチンの内服）や塗り薬が使われます。塗り薬は、正常な部位も含めて、塗り残しがないように、首から下の全身にくまなく塗ります。また、かゆみに対しては、かゆみ止めの内服薬が使われます。

感染した人への対応は、接触感染予防策として、使い捨てのガウンと手袋を着用します。手袋の着用により、素手で皮膚を触らないようにします。感染した人には、無防備のまま接触しないように心がけ、職員への感染や、職員が他の人に感染を広げないように気をつけます。疥癬の利用者をケアした介護職の衣服にヒゼンダニがついて、次にケアをした利用者の衣服や布団にうつしてしまうことで感染の拡大が起こりえますので、十分に注意してください。

感染した人においては、**体を清潔にする**ことが大切です。寝衣などの衣服は、洗濯したものに着替えます。着替えの際には、**皮膚の観察**を行います。入浴ができる人は、できるだけ毎日入浴します。施設などにおいて、角化型疥癬に感染した人は、入浴の順序を最後にします。入浴ができない人に対しては、皮膚の観察を含めて、毎日清拭をします。

感染した人が使用した衣服やリネン類は、ビニール袋に入れて、しっ

かりと口をしめて、洗濯する場所に持ち運びます。洗濯は、熱水での洗濯、あるいは洗濯前の乾燥機による乾燥（50℃以上・10分間）が望ましいとされています。難しい場合は、日光に当てて乾燥させ、乾燥機やアイロンで十分に熱を加えます。また、布団も、日光や乾燥機で乾燥させます。

　ヒゼンダニは、皮膚から離れると比較的短時間で死滅するため、清掃は、通常どおり行うことができます。ただし、**清掃する際も、接触感染予防策**を行います。感染した人の皮膚からはがれ落ちた鱗屑や痂皮に、ヒゼンダニが生存している確率は、ゼロではないと考えます。

■ ヒゼンダニの弱点

50℃以上で10分間以上熱すると死滅する。

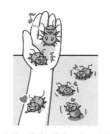

人肌の温度、湿度でないと活動が鈍くなる。

布地をかき分けて、皮膚の中に潜り込むことはできない。

　職員において、もし無防備で疥癬に感染している利用者と接触した場合、着ていた衣服は、すぐに洗濯をします。帰宅後、入浴・シャワーをしたら、下着もすべて着替え、洗濯をします。また、その後はしばらくの間、自分の身体の観察を続けます。皮膚の掻痒感や皮疹が生じたら、至急、皮膚科を受診すると同時に、勤め先の責任者に連絡・報告します。

　施設などにおいて、疥癬の発生に伴い実施していた、接触感染予防策は、感染した人等の全身の皮膚を観察して、新しい皮疹がないことを確認できた場合に解除します。

疥癬の利用者の在宅介護

通常型疥癬の場合は、感染力が低いため、手洗いで対応可能ですが、高齢者の場合、免疫力が下がっていて角化型疥癬になりやすいため、訪問時には、手袋、ガウンを着用したケアが求められます。

また、訪問するのは**その日の最後にします。**衣類や寝具、室内にはヒゼンダニが付着している可能性を考えてケアや清掃などにあたります。

在宅の場合は、家族も感染している可能性があるので、きちんと説明をして家族の協力を得ることも大切です（皮膚科の受診など）。

疥癬対策の柱
- 早期発見が重要
- ヒゼンダニは乾燥にも熱にも弱い

薬剤耐性菌感染症
（MRSAなど）

薬剤耐性菌感染症は、抗菌薬（抗生物質）に対して
耐性（抵抗力）を示す細菌に感染することにより起こる病気です。

薬剤耐性菌
その名のとおり、薬が効か
ない耐性菌へと進化した
菌。世界的に厄介なヤツ。

1 細菌と薬剤耐性菌について

　「細菌」は、1μm（0.001mm）程の、目で見ることができない小さな生物（単細胞生物）です。細菌は、栄養源があれば、自分と同じ細菌を複製して増えていくことができます。人の身体には多くの種類の細菌がいて（常在菌）、皮膚の表面や腸の中の環境を保っています。

　一方で、人に病気（感染症）を引き起こすことがある細菌には、黄色ブドウ球菌や大腸菌、緑膿菌などがあります。これらの菌も人の体内に常在し、保菌（体内に病原体を持っているが発症していない状態）していることが多いのですが、病原性は強くなく、通常の健康な免疫力がある人は、感染症を起こすことはありません。しかし、高齢者や基礎疾患（がん〔悪性腫瘍〕、心・血管疾患、糖尿病、慢性呼吸器疾患など）のある人などは、免疫力の低下により、感染症を発症することがあります（日和見感染）。

　発症した感染症は、抗菌薬（抗生物質）で治療します。抗菌薬は、細菌を壊したり、増えるのを抑えたりするための薬です。ところが、人類が抗菌薬を長らく使用する中、抗菌薬が効かない、もしくは効きにくくなった、つまり薬に対する耐性を獲得した細菌が出現するようになり、これを「**薬剤耐性菌**」といいます（主な薬剤耐性菌について 図表3-4参照）。また、薬剤耐性菌のうち、多くの抗菌薬に対して耐性を獲得した細菌を、**多剤耐性菌**といいます。効くはずの抗菌薬が効かなくなると、その薬剤（多剤）耐性菌による感染症の治療が難しくなります。また、手術や抗がん剤治療などで免疫力が低下した時の感染予防など、適切な医療が困難になります。

3章

SECTION 5

主な感染症の知識

■ 図表3-4 主な薬剤耐性菌とその特徴

薬剤耐性菌名	菌の種類	菌の主な存在部位	特に感染対策が必要なケア
MRSA[1]	黄色ブドウ球菌	鼻腔、口腔、皮膚	口腔ケア、清拭、吸引等
PRSP[2]	肺炎球菌	鼻腔、口腔	口腔ケア等
ESBL産生菌[3]	大腸菌などの腸内細菌	腸管、尿路	おむつ交換、尿の廃棄など排泄ケア等
MDRP[4]	緑膿菌	腸管、尿路、気道	おむつ交換、尿の廃棄など排泄ケア、吸引等
MDRA[5]	アシネトバクター	腸管、皮膚	おむつ交換、清拭等
CRE[6]	大腸菌などの腸内細菌	腸管、尿路	おむつ交換、尿の廃棄など排泄ケア等

1）メチシリン耐性黄色ブドウ球菌
2）ペニシリン耐性肺炎球菌
3）基質特異性拡張型βラクタマーゼ（ＥＳＢＬ）産生菌
4）多剤耐性緑膿菌
5）多剤耐性アシネトバクター属菌
6）カルバペネム耐性腸内細菌科細菌

2 薬剤耐性菌感染症の特徴

① 症状の特徴

　薬剤耐性菌による感染症の症状は、図表3-5のとおりです。

　前述のとおり、薬剤耐性菌は、誰もが体内に持っていることが多い菌が耐性化したもので、抗菌薬が効かなく（効きにくく）なっています。しかし、病原性が強くなったわけではないので、通常の健康な免疫力がある人は、保菌していても症状が出ることはありません。

■ 図表3-5 薬剤耐性菌の症状

薬剤耐性菌名	主な症状
MRSA	化膿症、肺炎、敗血症、髄膜炎、腹膜炎といった重症の感染症など
PRSP	肺炎、髄膜炎、中耳炎など
ESBL産生菌	肺炎、尿路感染症など
MDRP	肺炎、敗血症、尿路感染症など
MDRA	肺炎、創部（創傷ができた部分）感染症など
CRE	肺炎、尿路感染症など

一方、高齢者や抗がん剤治療を行っている人、免疫抑制薬を使用している人などの場合、免疫力の低下により発症しやすい傾向にあります。そして、一旦感染症を引き起こすと、各種の抗菌薬に耐性を示すため、治療が進まず、重症化に至ることがあるのです。特に重症化しやすい人の状態には、以下のようなものがあります。

- 無菌室が必要になるくらい免疫力が低下した場合
- 大きな手術を受けた後
- 血管内にカテーテルを長時間入れている場合　など

上記に該当する人は、医療機関に入院していることが多く、そのため薬剤耐性菌は、在宅や施設の福祉現場よりも、医療の現場で、**院内感染（集団感染）の原因**として恐れられています。しかしながら、免疫力や体力が低下している高齢者等にかかわる福祉現場でも、保菌した人からほかの高齢者等に薬剤耐性菌を広げるとともに、感染症を起こす可能性があります。福祉現場で保菌した高齢者等が、医療機関に入院

することもあるでしょう。そのため、福祉現場でも、薬剤耐性菌に対する適切な感染対策を行う必要があります。

② 感染経路

　薬剤耐性菌の**主な感染経路は、接触感染**です。また、**飛沫感染**にも気をつける必要があります。接触感染であることから、介護職員が感染を広げてしまう可能性がありますので注意する必要があります。

　薬剤耐性菌は、主に排泄物や分泌物などに含まれていることが多いため、そこから、人の手などを介する接触感染によって保菌・感染することがあります。また、排泄ケアや口腔ケア、創傷や褥瘡の処置の際に排泄物や分泌物などの飛沫により保菌・感染することもあります。

> ### ━━ ワンポイント ━━
> ## 薬 剤 耐 性 菌 へ の 備 え

　薬剤耐性菌は、培養検査をしなければ、誰が保菌しているかわかりません。そこで、誰が保菌していても、広がりを防止する対応が重要となります。つまり、誰もが保菌していることを前提にスタンダードプリコーション（標準予防策）に基づいた対応を行います。

　薬剤耐性菌自体は本来、感染症につながらないため、標準予防策の徹底で十分なのです。そのため保菌の有無は重要ではなく、施設などにおいて、薬剤耐性菌の保菌を理由に受け入れを拒否することはできません。加えて、保菌者に対する過剰な反応・対応は控え、尊厳を損ねるような差別を行わないように注意してください。

　とはいえ、抗菌薬の効かない多剤耐性菌が増えてしまうと、いざ発症してしまった際に薬が効かず困ったことになります。それを防ぐためには、日頃から抗菌薬の使用についてしっかりと認識しておく必要があります。

　例えば、不要な抗菌薬の使用を慎む（風邪などで服用しない）、必要な時に必要な量だけ最後まで確実に服用する、など、薬剤耐性菌を生み出さないように注意しましょう。

■ 薬剤耐性菌が誕生する流れ

抗菌薬治療	薬剤耐性菌が残る	薬剤耐性菌が増える

3 発症した場合の対応・治療

　入院や検査など、何らかの機会に薬剤耐性菌の保菌が確認された人に、前述の症状がみられ、咳や痰、創傷、褥瘡、膿尿、下痢など、薬剤耐性菌を周囲に広げやすい状態が発生している場合は、接触感染予防策・飛沫感染予防策を行います。

　個室対応や入浴順序を最後にするなど、可能な範囲での対応についても検討します。施設において、面会者に接触感染予防策・飛沫感染予防策の対応を求める必要はありません。手洗いの励行などを強化することが望まれます。

　適切な診断や治療を行うために、感染の兆候がみられたら、**医療機関を受診**するなど、早めに医師の診察を受け、その指示に従います。

　また、治療は、効果のある**抗菌薬**を調べて使用します。

　薬剤耐性菌を周囲に広げやすい状態が消失したことを確認したら、接触感染予防策、飛沫感染予防策を解除して、標準予防策を継続します。

3章

SECTION 5

主な感染症の知識

4 予防接種

　PRSP（ペニシリン耐性肺炎球菌）に対しては、肺炎球菌ワクチンの接種を受けることが有効です。高齢者には、2014年10月から、定期接種を行っています。1回接種を受けた高齢者において、2回目は5年以上の間を空けます。また、費用については、市区町村が税金で補助し、自己負担を軽減する仕組みがあります。

薬剤耐性菌対策の柱
- 抗菌薬の適切な使用
- 薬剤耐性菌の存在を周知していくことが大切

コラム

「薬剤耐性（ＡＭＲ）対策」について

薬剤耐性菌は、近年、世界中で増えており、医療機関などにおける集団感染や市中感染が問題になっています。抗菌薬が効かない薬剤耐性菌が増えると、感染症の治療が難しくなり、重症化や死に至る可能性が高まります。加えて、新しい抗菌薬の開発が進んでおらず、薬剤耐性菌による感染症の治療は、ますます難しくなってきています。

現在でも、薬剤耐性菌による死者は、国内だけでも年間で8,000人おり、世界中で深刻な問題となってきています。

このような状況を踏まえて、ＷＨＯ（世界保健機関）は、2015年５月に「薬剤耐性に関するグローバル・アクション・プラン」を採択し、加盟国は２年以内に自国のアクションプランを策定するよう要請しました。日本では、2016年４月に、「薬剤耐性（ＡＭＲ）対策アクションプラン2016-2020」を取りまとめ、抗菌薬の適正使用や適切な感染予防の実践・管理、薬剤耐性に関する知識や理解を深めることなどを明示しています。

3章

SECTION 5

主な感染症の知識

新型コロナウイルス感染症
（COVID-19）
（新型コロナウイルス）

新型コロナウイルス感染症（COVID-19）は、病原体である新型コロナウイルスに感染することによって起こる呼吸器の病気です。

コロナウイルス
風邪を引き起こす、比較的温厚なヤツ。

MERS
ヒトコブラクダ由来のウイルス。致死率が高い。

SARS
コウモリ由来といわれるウイルス。短期間だがお茶の間を賑わせた。

新型コロナウイルス
2019年末に誕生。2020年世界を震撼させた凶悪なウイルス。変異種も確認され、2021年以降も引き続き要注意。

1 新型コロナウイルスの特徴

① コロナウイルスと新型コロナウイルス

コロナウイルス自体は、珍しいものではなく、発熱や、くしゃみ、咳、のどの痛み、鼻水、鼻づまりなどの風邪の症状（上気道症状）を引き起こすウイルスです。コロナウイルスを電子顕微鏡で観察すると、直径約100nm（0.0001㎜）の球形で、表面に突起が見られます。その形態が王冠（crown）に似ていることから、ギリシャ語で王冠を意味するcorona（コロナ）という名前が付けられました。

人に感染するコロナウイルスは、これまで6種類知られており、そのうち、「風邪」を引き起こしているといわれているウイルスが4種類あり、残りの2種類は、重症な肺炎を引き起こすウイルスで、「重症急性呼吸器症候群コロナウイルス（サーズ：SARS-Cov）」と「中東呼吸器症候群コロナウイルス（マーズ：MERS-Cov）」です。

新型コロナウイルス（正式名称：SARS-CoV-2、略称：COVID-19）は、これらに続く、人に感染することが確認された7つ目のコロナウイルスということになります。

② 新型コロナウイルスについて

新型コロナウイルス感染症は、2019年12月、中国の武漢市において確認されました。そして、2020年1月30日、世界保健機関（ＷＨＯ）により「国際的に懸念される公衆衛生上の緊急事態」が宣言され、3月11日には、パンデミック（世界的な大流行）の状態にあると表明されました。

2020年10月23日現在、世界の感染者数および死亡者数は、それぞれ約4000万例、約100万例に及び、190もの国と地域に広がっています。日本国内では、厚生労働省の発表によると、2020年10月23日現在、新型コロナウイルス感染症の感染者数（PCR検査の陽性者数）は、85,747例、

死亡者数は1,694例と報告されています。

③ 新型コロナウイルスと他の感染症との比較

　新型コロナウイルスに関しては、未解明の部分があるなか、現段階でわかっている事柄について、まとめます。

■ 図表3-6 新型コロナウイルスと他の感染症の比較

	新型コロナウイルス感染症（COVID-19）	重症急性呼吸器症候群（SARS）	中東呼吸器症候群（MERS）	季節性インフルエンザ
症状	高熱や肺炎	高熱や肺炎、下痢	高熱や肺炎、腎炎、下痢	高熱、頭痛、関節痛など
感染源	コウモリ？	コウモリ	ヒトコブラクダ	ヒトの間で感染
感染者数	約8483万人（世界）（2021年1月）	約8000人（世界）（2002年〜2003年）	約2500人（世界）（2012年〜）	年間約1000万人（日本）
感染者1人からうつる人数	1.4人〜2.5人	2〜4人	約1人前後	約1.4〜4人
潜伏期間	2〜14日平均5日	2〜10日	2〜14日	1〜3日
致死率	約2%	約10%	約34%	約0.1%（日本）
流行地	世界各地	中国や台湾、カナダ、シンガポールなど	アラビア半島とその周辺	世界各地

④ 流行の時期

　2020年1月から8月までの国内の「陽性者数」の推移を見ると、陽性者数のピークを、4月10日（708人）前後、8月7日（1,595人）前後の2回ほど確認できます。また、11月以降は、前2回のピークを超えて増加傾向にあります。

　一般的に、コロナウイルス感染症は、温帯地域では冬季に流行しま

すが、新型コロナウイルス感染症にも当てはまるかは、現時点では不明です。やはり冬季に流行のピークを迎える、インフルエンザとの違いも見据えながら、今後の推移を注視する必要があります。

⑤ 症状の特徴

多くの症例で、**発熱や、咳、のどの痛み、鼻水、鼻づまりなどの呼吸器症状、頭痛、倦怠感**などがみられています。また、**嗅覚・味覚障害が生じたという報告**も増えているようです。

初期症状は、風邪やインフルエンザと似ており、この時期に、これらと新型コロナウイルス感染症を区別することは難しいとされています。高齢者や基礎疾患（心・血管疾患、糖尿病、慢性呼吸器疾患など）のある人は、重症化しやすく、致死率も高くなることが報告されています。

⑥ 潜伏期間

現時点で潜伏期間は、**一般的には約5日で、2 ～ 14日**とされています。そのため、感染していない人が感染した人と濃厚に接触した場合、14日間にわたり、健康状態を観察することが推奨されています。

感染した人における、感染可能期間（他の人にうつすおそれのある時期）は、発症の2日前から発症後7 ～ 10日くらいとみられています。インフルエンザウイルスと同様に、発症前から感染性（他の人にうつす可能性）があり、発症から間もない時期の感染性が高いことが、市中感染（日常生活の中で起こる感染）の原因となっています。

⑦ 感染経路

飛沫感染および**接触感染**、さらにエアロゾル（マイクロ飛沫）による感染がいわれているほか、空気感染の可能性も指摘されていますが定かではありません。なお、新型コロナウイルスの接触感染で気をつけた

いのは、WHOによれば、このウイルスがプラスチックの表面では最大72時間、ボール紙では最大24時間、生存するとされていることです（低い温度や低い湿度の条件下では、さらに長く生存する可能性があります）。咳をする人が近くにいなくても、外で触れるモノには、ウイルスが付着している可能性を考えて行動する必要があります。

2 新型コロナウイルスに対する基本的な考え方

　新型コロナウイルスは、誰もが感染する可能性のある、風邪や肺炎の症状などを引き起こすコロナウイルスの一種です。一方で、感染しても無症状のままでいる人が、少なからずみられ、無症状の人からの感染の可能性が問題視されています。

　また、一般的に、肺炎などを引き起こすウイルスによる感染症は、症状が最も強く現れる時期に、他の人にうつす可能性（感染性）が最も高くなるとされています。しかし、新型コロナウイルスでは、症状が明らかになる前から、感染が広がるおそれがあると、専門家の指摘や研究結果が示されています。

　そこで、症状の有無にかかわらず、誰が感染していても広がりを防止するための対応が重要となります。誰もが感染している、感染する可能性があることを前提に、咳エチケットや石けん・流水による手洗い、アルコールによる手指消毒などを含んだ、**標準予防策に基づいた対応の徹底**を基本とします。

　そして、感染の疑いのある人（症状発症者および濃厚接触者）が発生したら、飛沫感染予防策や接触感染予防策を加えます。また、ソーシャルディスタンス（社会的距離）、十分な換気などといった、**新型コロナウイルス感染症の特徴を踏まえた予防法**も欠かせません。

① 予防法について

　これまでに確認された国内での感染例のうち、約80％の人は他の人にうつしていないとされています。その一方で、密閉空間など一定の条件を満たす場所においては、一人の感染者が複数の人にうつす、クラスター（集団感染）の発生が報告されています。そこで、以下の**3つの条件（3つの密）のある場所が感染拡大リスクが高い場所として、避けることが推奨**されています。

- 密閉空間（換気の悪い密閉空間である）
- 密集場所（多くの人が密集している）
- 密接場面（互いの距離が近い）

　上記以外の場であっても、人混みや近距離での会話、特に、大きな声を出すことや歌うこと、さらに、激しい呼気や大きな声を伴う運動についても感染リスクの可能性が指摘されており、実際、こうした状況でのクラスターの発生事例が報告されています。

　また、集団感染が発生した福祉施設の特徴は、職員の休憩室などの共有スペースにおける職員同士の接触などが挙げられています。このことからも、職員間の感染リスクの軽減がいかに大切かわかります。

3章

SECTION 6

主な感染症の知識

■ 新型コロナウイルスの予防

手を洗おう

換気をしよう

距離をとろう

② 発症した場合の対応・治療

　前述の症状がみられたら、新型コロナウイルス感染の可能性を考慮し、早めに医療機関等に相談します。

　新型コロナウイルス感染症を疑う段階から、飛沫感染予防策、接触感染予防策として個室対応を基本とします。施設において、複数の入所者が発症し、個室が足りない場合は、同じ症状の人を同室とします。室温などに配慮しながら、こまめに換気することも重要です。

　くしゃみや咳などの症状がある場合、飛沫感染予防策として、咳エチケットを徹底します。利用者にマスクを使用してもらうことはもちろん、ケアをする職員もサージカルマスクを着用します。

　自身が発症した場合は、陰性が確認されるまでは、出勤をやめ、外出も控えましょう。基本的には、他の感染症と同様ですが、新型コロナウイルスの場合は、とりわけ、居室や共用スペースなどの消毒の徹底や感染した人（感染が疑われる人）との濃厚接触が疑われる人にも、行動制限を含めた処置を行う必要が出てきます。

　利用者の発症や感染が疑われる場合の対応については第6章に詳細を載せていますが、重症化しやすい高齢者が生活する施設などでは、国や都道府県などの行政からさまざまな要請が出ていますので注意してください。

　また治療については、軽症例では、熱や咳などの症状の緩和を目指す治療（対症療法）が中心となります。解熱薬や鎮咳薬の投与、点滴などが実施されています。肺炎を起こした場合は、中等症では酸素投与が行われ、重症例では人工呼吸器や人工心肺装置ECMO（エクモ）による治療などを行うことがあります。

　新型コロナウイルス感染症に対する治療薬として、レムデシビルやデキサメタゾンが承認されました。ただし、特効薬と呼べるような高い治療効果を有する薬剤はまだ開発されていません。

3 予防接種について

　予防接種のためのワクチン開発は、一般的に、ワクチンの有効性・安全性の確認、一定の品質を担保しつつ、大量生産が可能かどうかの確認などを行う必要があり、通常、開発には年単位の期間がかかります。ただし、新型コロナウイルスに対しては多くの製薬企業がワクチンの開発に積極的に取り組み、2020年末の時点で複数のワクチンが海外で承認され、すでに英国や米国では一般の人たちへの接種が開始されています。

3章
SECTION 6

主な感染症の知識

新型コロナウイルス感染対策の柱
●3密を避ける　●手洗い、うがい、マスク着用

B型・C型肝炎
（B型・C型肝炎ウイルス）

B型肝炎、C型肝炎は、それぞれ、病原体であるB型肝炎ウイルス、
C型肝炎ウイルスに感染することによって起こる肝臓の病気です。

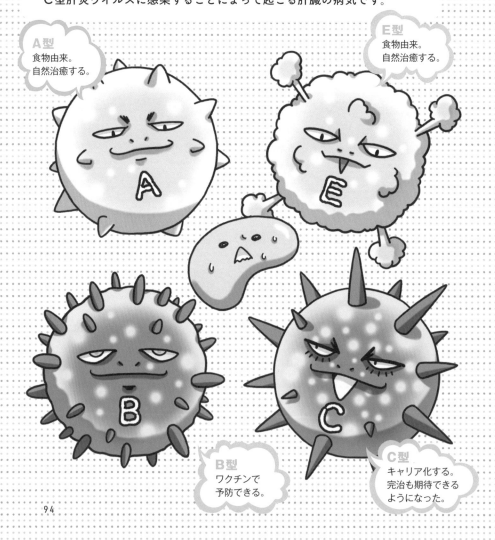

A型
食物由来。
自然治癒する。

E型
食物由来。
自然治癒する。

B型
ワクチンで
予防できる。

C型
キャリア化する。
完治も期待できる
ようになった。

1 肝炎ウイルスの特徴

① 肝臓とウイルス性肝炎

　肝臓は、栄養分の生成や貯蔵、血液中の薬物や毒物の代謝や解毒、体の中に侵入したウイルスや細菌による感染の防御など、さまざまな働きをしており、人が健康に生きていくための大切な臓器です。

　ウイルス性肝炎を引き起こす主な肝炎ウイルスには、**A、B、C、D、E型の5種類**があります。A型、E型肝炎ウイルスは、主に食べ物を介して感染し、B型、C型、D型肝炎ウイルスは、主に血液を介して感染します。なかでも、**B型、C型肝炎ウイルスは、感染すると、慢性肝炎や肝硬変などの肝臓病を引き起こす原因**にもなります。

② 症状の特徴

　肝炎になると、肝臓の細胞が壊れ、肝臓の働きが悪くなります。その結果、倦怠感や食欲不振、吐き気、黄疸（皮膚が黄色くなる）などの症状がみられることがあります。一方、**全く症状がでない人**も多くいます。

　B型肝炎は、出生時や乳幼児期に感染すると、キャリア化（持続的に感染）することがあります。それ以降の時期の感染では、キャリア化することは稀とされています。約10〜20％と推測される一部の人で、肝臓病を発症しますが、大部分の人は、発症せずに一生を終えています。

　C型肝炎は、感染すると、B型肝炎よりもキャリア化する確率が高いとされています。感染すると、慢性肝炎になる人も多く、放置すると肝硬変、肝がんに進行することがあります。

③ 潜伏期間

　感染してから発症するまでの潜伏期間は、**B型肝炎が1〜6か月**（平均3か月程度）、**C型肝炎が2週間から6か月**とされています。しかし、キャ

3章

SECTION 7

主な感染症の知識

リア化するとともに、あまり症状が現れないため、感染に気づかない
ことが多く、放置していると本人が気づかないうちに、慢性肝炎や肝
硬変、肝がんへと進行する場合があるのです。なお、B型・C型肝炎ウ
イルスの、患者やキャリア（持続感染者）は、あわせて300万人以上と推
計されています。

④ 感染経路

　B型、C型肝炎ウイルスは、主に、感染している人の血液が、体の中
に入ることによって感染します（**血液感染**）。医療機関では、注射や採血
時の針刺し事故の発生などが想定されます。また、はり治療やピアス
用の穴あけ、入れ墨、ひげそり、脱毛などにより、正常な皮膚に生じた
傷や穴から感染することがあります。

2 発症した場合の対応・治療

　肝炎ウイルスの感染は、血液検査でわかります。前述のような事故や、
皮膚に傷や穴を発生させた場合、検査を受けることが大切です。感染し
た場合は、医療機関を定期的に受診の上、肝臓の状態をチェックするた
めの検査や必要な指導を受け、日々の健康管理に役立てます。

　A型、B型、E型の急性肝炎に対しては、特別な治療はなく、安静に
して肝臓がダメージから回復するのを待つことが基本となります。一
方、慢性肝炎に対しては、B型肝炎ではインターフェロンや核酸アナ
ログ製剤などで治療します。C型肝炎でも、インターフェロンや直接
作用型抗ウイルス薬などによる治療で、完治が期待できるようになり
ました。いずれにせよ適切な医療を早期に受けることが大切です。

　なお、福祉現場では、食べ物によりA型、E型の肝炎の発生が問題と
なることが多いでしょう。高齢者の場合、A型のワクチンを接種して

いない可能性も高いので、加熱処理した食品を食べ、生水は口にしないようにするなどの対策が大切です。

ワンポイント

誤解や差別を招かないために

B型・C型肝炎ウイルスは、以下の事項に気をつけることで、日常生活で周囲の人にうつすことはありません。

① 歯ブラシやカミソリ、タオルなど、血液が付く可能性があるものを共用しない。

② 血液や分泌物が付いたものは、しっかりとくるんで捨てるか、流水でよく洗い流す。

③ 外傷、皮膚の炎症、鼻血などの手当てをする場合は、手袋を装着するなど、血液や分泌物を直接触れないようにする。

④ 皮膚の傷は、絆創膏などで覆う。

⑤ 献血は控える。

すなわち、**普通の会話や会食、握手、血液が付いていない物品や場所の共有や接触などで、うつることはありません。** 誤解や差別などを招きやすい病気として、福祉現場に携わる立場としても、理解しておく必要があります。

3 予防接種

A型とB型には有効なワクチンがあり、B型肝炎に対しては、B型肝炎ウイルスの母子感染などを予防するため、**B型肝炎ワクチンの接種**を受けます。一般的には、1歳になる前に3回接種します。

C型肝炎に対しては、有効なワクチンはなく、E型についても同様です（中国でのみ承認されているワクチンはあります）。

肝炎の治療と「沈黙の臓器」肝臓

　抗ウイルス作用をもつインターフェロンによる治療は、1980年代半ばから始まり、その後、新しい治療薬が次々と開発されました。また、治療には医療保険が適用され、治療費の自己負担分を助成する都道府県の制度もあります。肝炎ウイルスに感染しても、早期に適切な治療を行うことで、肝炎を治し、肝硬変や肝がんへの進行・悪化を予防することができるのです。

　その結果、原因の約80％が肝炎ウイルスとされている肝がんの死亡者は、2002（平成14）年の約35,000人をピークとして減少し、2019（令和元）年には約25,000人となりました。しかし、いまだ多くの人が命を落としています。

　肝臓は「沈黙の臓器」と呼ばれており、ウイルスに感染しても自覚症状がないまま、病気が進行するおそれがあります。ウイルスに感染しているかどうかは、検査を受けないとわかりません。

　現在、国は「知って、肝炎プロジェクト」と称し、肝炎に関する正しい知識や検査の必要性を国民に伝え、早期発見・早期治療に向けて自ら積極的に行動するよう啓発活動を展開しています。

肝炎ウイルス対策の柱
- 知らないうちに感染している可能性があるので、必要に応じて検査を受けることが望ましい
- 肝硬変、肝がんに進行しないように治療を受ける

コラム

アルコール消毒液とエンベロープウイルス

ウイルスは、その構造から、エンベロープのあるウイルス（エンベロープウイルス）と、エンベロープのないウイルス（ノンエンベロープウイルス）に分類されます。エンベロープとは、たんぱく質や脂肪などからできている膜です。代表的なエンベロープウイルスにインフルエンザウイルスや新型コロナウイルス、B型・C型肝炎ウイルスがあり、膜のないノンエンベロープウイルスの代表がノロウイルスです。また、A型・E型肝炎ウイルスも、エンベロープをもちません。

エンベロープは壊れやすく、アルコールは膜を壊してウイルスを不活性化させることができます。そのため、新型コロナウイルス対策としてアルコール消毒が有効なのです。

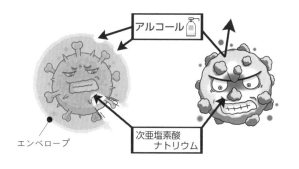

3章

SECTION 7

主な感染症の知識

結核 （結核菌）

結核は、病原体である結核菌に感染することによって起こる
呼吸器の病気（慢性感染症）です。

結核菌

高齢になり、免疫力が低下した
人を狙う狡猾な詐欺師みたい
なヤツ。しっかり薬を飲み続け
ないとさらに凶悪化する。

1 結核の特徴

① 症状の特徴

　結核の症状には、咳や痰、場合によっては血痰や喀血（血を吐くこと）といった呼吸器症状と、発熱や寝汗、倦怠感、体重減少などの全身症状があります。**咳や痰が2週間以上続く場合は、結核（肺結核）を疑います。**また、治療を受けずに症状が進行すると、肺の病変が拡大して、呼吸困難に陥り、死亡に至ることがあります。

　多くの人は、感染しても発症せずに終わります。一方で、高齢者や免疫力が低下した状態の人は、発症しやすいとされています。主な病巣（病原体に侵されている部位）は肺ですが、免疫力の低下した人では、骨や腸管、腎臓などの肺以外の臓器に病巣を作ることがあり、生命の危機を招きます。

　高齢者においては、過去に感染し無症状で経過していたが、加齢や基礎疾患による免疫力の低下などによる発症や、一度治療を行った肺結核の再発がみられます。また、高齢者では、全身の衰弱や食欲不振などの症状が主となり、咳や痰、発熱などの症状を示さない場合があるので注意が必要です。

② 潜伏期間

　一般的に、**6か月から2年**です。

③ 感染経路

　結核は、**空気感染（飛沫感染）**する代表的な感染症です。

2 発病（発症）した場合の対応・治療

　高齢者が生活する施設などでは、入所者は、年1回程度、**定期的に胸部X線（レントゲン）の検査**を受け、入所者の日頃の体調とその変化を観察するなど、継続的に気をつけていくことが大事です。日常生活における、咳エチケットも欠かせません。

　呼吸器症状や全身症状がみられたら、結核の発病の可能性を疑い、早めに医療機関を受診して、喀痰および胸部X線の検査を受け、医師の診断を待ちます。

　結核を疑う人が発生した時点で、標準予防策に加えて、空気感染予防策を実施します。検査の結果を待つ間も、ケアに携わる人は、「**N95マスク**（ない場合はサージカルマスク）」を着用し、症状がみられる本人は、**個室での隔離対応**となります。本人にも「サージカルマスク」を着用してもらい、医師の指示に従います。

　結核の発病（結核患者の発生）が明らかとなった場合は、保健所の指示に従って対応します。その際、同室者や濃厚接触者（家族や職員など）といった接触者をリストアップして、保健所の対応を待ちます。

　結核患者（排菌者）は、結核専門の医療機関に入院して、治療を行うことが原則です。治療にあたっては、**抗結核薬を6か月以上使用**します。一般的に、薬を飲み始めて約2週間で、他の人への感染性は、ほぼなくなります。抗結核薬は、主に結核菌が分裂する時に殺菌効果を示しますが、大腸菌など多くの菌が数十分で分裂するのに比べて、結核菌は10時間以上かけて、ゆっくり分裂することから、排菌の有無にかかわらず、症状が消えた後も、長期間の服薬が必要となるのです。

　結核は、治療により治すことができます。しかし、治療の途中で薬を飲むのをやめてしまったり、指示されたとおりに薬を飲まなかったりすると、結核菌が薬に対して耐性（抵抗力）を持ってしまい、薬の効かな

い結核菌（耐性菌）になってしまうおそれがあります。医師の指示を守り、治療終了まできちんと薬を飲み続けることが重要です。

　感染した人でも、排菌していない場合は、必ずしも隔離対応は必要ではありません。検査で排菌していないことが確認された人や、入院治療終了後に排菌していないことが確認された人については、患者の状況に応じて、医師や保健所の指示に従って対応します。

　結核は、感染症法により**「二類感染症」**と位置づけられており、診断した医師が直ちに、最寄りの保健所に届け出ることになっています。

3 予防接種

　乳幼児が感染した場合の「発病（発症）」を抑え、重症化を予防することを目的に、**BCGワクチンの接種**を受けます。なお、BCGを接種することで、結核の「感染」を防ぐことはできません。

　BCGは、2014年4月1日以降、生後1歳に至るまでの間に接種（標準的には、生後5〜8か月の期間に1回接種）することと変更されました。

ワンポイント
「感染」と「発病（発症）」の違い

　「感染」とは、吸い込んだ結核菌が肺に定着した状態をいいます。結核菌が身体の中に存在しても、悪影響を与えていない状態で、人への感染性もありません。感染した人が発病（発症）するのは10〜20%程度とされ、潜伏期間を経て、感染してから6か月から2年後までに発病することが多い状況です。結核は、免疫力や体力が低下した時に発病することがありますが、生涯発病しない人も多いのです。

　「発病（発症）」とは、結核菌が体の中で増えて、病気を引き起こした状態をいいます。発病の初期は、咳や痰の中に結核菌は出ませんが、病

気の進行に伴って、咳や痰の中に結核菌が排菌され、排菌量が増える
ことで、他の人に感染させるようになります。**早期発見・早期治療が、極
めて重要**となります。

結核菌対策の柱
● 早期発見・早期治療
● 免疫力を下げない

結核の歴史的な経緯について

結核は、エジプトのミイラからもその痕跡が確認されており、人類の歴史とともにある古い病気です。日本国内では、明治時代以降の産業の発展に伴う人口集中などにより、まん延し、死者も多く、「国民病」とも呼ばれてきました。その後、1951年に、結核予防法が制定され、国をあげて予防や治療に取り組んだ結果、死亡率は以前の100分の1以下に激減しました。

ところが、1980年代に入ると、都市化の進展やまん延していた時代に感染した人が高齢になって発病（発症）するようになったため、罹患率の低下が鈍化しました。1999年には、厚生省（現・厚生労働省）により「結核緊急事態宣言」が発せられ、その後の罹患率低下などが進んでいる傾向にあります。

一方、結核の罹患率をみると、欧米の先進国は、人口10万人あたり10以下の「低まん延国」であるのに対し、日本は2018年に、人口10万人あたり12.3と、いまだ「中まん延国」として位置づけられています。この年の新規の患者数は15,590人で、約60％が70歳以上の高齢者となっています。また、死亡数は2,204人（概数）で、新規患者数ともに前年よりは減少しています。しかし、近年は、20歳代を中心とした若年層や、外国生まれの新規患者数が増加しています。結核は現在も、国内において、重大な感染症の1つと認識することが大切です。

インフルエンザの情報入手先

- インフルエンザ（総合ページ）（厚生労働省）

  https://www.mhlw.go.jp/stf/seisakunitsuite/bunya/kenkou_iryou/kenkou/kekkaku-kansenshou/infulenza/index.html

- 「インフルエンザＱ＆Ａ」（厚生労働省）

  https://www.mhlw.go.jp/bunya/kenkou/kekkaku-kansenshou01/qa.html

- 「高齢者介護施設における感染対策マニュアル改訂版（2019年3月）」（厚生労働省）

  https://www.mhlw.go.jp/stf/seisakunitsuite/bunya/hukushi_kaigo/kaigo_koureisha/ninchi/index_00003.html

ノロウイルスの情報入手先

- 「食中毒」（厚生労働省）

  https://www.mhlw.go.jp/stf/seisakunitsuite/bunya/kenkou_iryou/shokuhin/syokuchu/index.html

- 「ノロウイルスに関するＱ＆Ａ」（厚生労働省）

  https://www.mhlw.go.jp/stf/seisakunitsuite/bunya/kenkou_iryou/shokuhin/syokuchu/kanren/yobou/040204-1.html

- 「高齢者介護施設における感染対策マニュアル改訂版（2019年3月）」（厚生労働省）

  https://www.mhlw.go.jp/stf/seisakunitsuite/bunya/hukushi_kaigo/kaigo_koureisha/ninchi/index_00003.html

疥癬の情報入手先

- 疥癬とは（国立感染症研究所）

  https://www.niid.go.jp/niid/ja/encycropedia/392-encyclopedia/380-itch-intro.html

- 疥癬（東京都福祉保健局）

  https://www.fukushihoken.metro.tokyo.lg.jp/tthc/kansensho/kansensho/shikkan/kaisen.html

- 「地域ケアにおける疥癬対策マニュアル」（東京都福祉保健局）

  https://www.fukushihoken.metro.tokyo.lg.jp/tthc/kansensho/kansensho/shikkan/kaisen.files/kaisenv3_P1_P10.pdf　等

- 「高齢者介護施設における感染対策マニュアル改訂版（2019年3月）」（厚生労働省）

  https://www.mhlw.go.jp/stf/seisakunitsuite/bunya/hukushi_kaigo/kaigo_koureisha/ninchi/index_00003.html

薬剤耐性菌の情報入手先

- 薬剤耐性菌感染症（国立感染症研究所）
  https://www.niid.go.jp/niid/ja/route/dr.html
- 薬剤耐性（AMR）対策について（厚生労働省）
  https://www.mhlw.go.jp/stf/seisakunitsuite/bunya/0000120172.html
- かしこく治して、明日につなぐ〜抗菌薬を上手に使ってAMR（薬剤耐性）対策
  （AMR臨床リファレンスセンター）
  http://amr.ncgm.go.jp/
- 薬剤耐性菌関連情報（東京都感染症情報センター）
  http://idsc.tokyo-eiken.go.jp/diseases/resistant/
- 多剤耐性菌への対応（公益財団法人長寿科学振興財団「健康長寿ネット」）
  https://www.tyojyu.or.jp/net/byouki/kango/tazai-taiseikin.html
- 「高齢者介護施設における感染対策マニュアル改訂版（2019年3月）」（厚生労働省）
  https://www.mhlw.go.jp/stf/seisakunitsuite/bunya/hukushi_kaigo/kaigo_koureisha/ninchi/index_00003.html

新型コロナウイルスの情報入手先

- 新型コロナウイルス感染症（COVID-19）関連情報ページ（国立感染症研究所）
  https://www.niid.go.jp/niid/ja/diseases/ka/corona-virus/2019-ncov.html
- 新型コロナウイルス感染症について（厚生労働省）
  https://www.mhlw.go.jp/stf/seisakunitsuite/bunya/0000164708_00001.html
- Q＆A、自治体・医療機関・福祉施設向け情報（厚生労働省）
  https://www.mhlw.go.jp/stf/covid-19/qa-jichitai-iryoukikan-fukushishisetsu.html
- 新型コロナウイルス感染症（COVID-19）診療の手引き・第4.1版（厚生労働省）
  https://www.mhlw.go.jp/content/000712473.pdf
- 新型コロナウイルス（サラヤ株式会社「PRO SARAYA」）
  https://pro.saraya.com/kansen-yobo/bacteria-virus/2019-nCoV.html

肝炎の情報入手先

- ウイルス性肝炎について（厚生労働省）
  https://www.mhlw.go.jp/bunya/kenkou/kekkaku-kansenshou09/04.html
- ウイルス性肝炎（東京都感染症情報センター）
  http://idsc.tokyo-eiken.go.jp/diseases/hepatitis/
- 肝炎情報センター（国立国際医療研究センター）
  http://www.kanen.ncgm.go.jp/

結核の情報入手先

- 結核とは（国立感染症研究所）
  https://www.niid.go.jp/niid/ja/kansennohanashi/398-tuberculosis-intro.html
- 結核（BCGワクチン）（厚生労働省）
  https://www.mhlw.go.jp/stf/seisakunitsuite/bunya/kenkou_iryou/kenkou/kekkaku-kansenshou03/index.html
- 平成30年　結核登録者情報調査年報集計結果について（厚生労働省）
  https://www.mhlw.go.jp/stf/seisakunitsuite/bunya/0000175095_00002.html
- 結核（東京都感染症情報センター）
  http://idsc.tokyo-eiken.go.jp/diseases/tb/
- 結核について（公益財団法人結核予防会）
  https://www.jatahq.org/about_tb/
- 結核とは（公益財団法人結核予防会結核研究所）
  https://jata.or.jp/about_basic.php
- 「高齢者介護施設における感染対策マニュアル改訂版（2019年3月）」（厚生労働省）
  https://www.mhlw.go.jp/stf/seisakunitsuite/bunya/hukushi_kaigo/kaigo_koureisha/ninchi/index_00003.html

以上のURLの最終閲覧日：2021年1月5日

第**4**章

食中毒の知識

食中毒の基本

食中毒とは、人体に有害・有毒なものを含んだ食べ物を口にした結果、下痢や嘔吐、発熱などの症状が起こることをいいます。

細菌が付着

細菌が増殖

食べる

食中毒発生

1 食中毒の基本知識

① 食中毒とは

　食中毒とは、食べ物や飲み物などに含まれている有害または有毒な物質が口から入ることにより、下痢、嘔吐、腹痛、発熱などの消化器症状を中心とした症状が出る病気のことをいいます。①原因物質が直接的な毒物として作用する場合、②細菌やウイルスなどの微生物が増殖し腸などの消化器官の感染症として発症する場合があります。細菌やウイルスなどが付着しやすい食材を知り、その食材が流通する時期や季節を日頃から確認することも食中毒対策として必要な生活の知識となります。例えば、介護などの福祉の仕事に就いてから「生牡蠣を食べていない」などは、介護福祉職あるあるでしょうか。

　図表4-1に食中毒の主な原因を示します。

■ 図表4-1 食中毒の主な原因

細菌	腸管出血性大腸炎（O157など）、カンピロバクター、サルモネラなど
ウイルス	ノロウイルス、A型肝炎ウイルス、E型肝炎ウイルス
寄生虫	クドア、アニサキス
自然毒	フグ、二枚貝などの貝類、キノコ、ジャガイモの芽などに含まれる毒
化学物質	ヒスタミンなど

② 食中毒予防の3原則（つけない・増やさない・やっつける）

● 細菌をつけない［洗う、包む、分ける］

　食品にはいろいろな細菌が付着しています。それらの細菌をほかの食品につけないことが大切です。まず野菜、肉、魚等の原材料は区分して専用容器やフリーザーバックに保管するとよいでしょう。

さらに、細菌感染を防ぐため、加熱調理した食品と、特に生で食べる食品は、**調理器具を使い分ける**などの工夫が必要になります。また、手指にも多数の細菌がついているため、**調理の際の手洗い**は、食品に細菌を付着させないための基本として大切です。調理用の手袋を使用することも予防策の1つです。手袋使用の際は食材を触った後に、ほかのものを触ることは避けましょう。

● 細菌を増やさない [冷凍・冷蔵、早く食べる]

　食中毒菌の中には、少量の菌で発病する細菌もありますが、多くは食品中に大量に増殖して食中毒を引き起こします。食中毒を防ぐには、「増やさない」ことが重要なポイントになります。細菌が増えるのに適している温度帯を避けた温度（冷蔵庫では10℃以下、冷凍庫は−15℃以下といわれています）で食品を保存する必要があります。

　細菌は「温度・水分・栄養」の条件がよいと爆発的に分裂して増えるため、**食品を室温で長時間放置しない**ように心がけなければなりません（多くの細菌は、20〜50℃で増えやすくなっています）。

　また、冷凍庫に保管したからといって安心せず、**消費期限、賞味期限**に気をつけましょう。解凍した際に傷んでしまうような水分の多いレタスやトマト、もやし等、ニンジン、大根、ゴボウなどの根菜類はあまり冷凍に適さない野菜です。食品を冷凍した場合、保管期間2〜3か月程度で消費するようにしましょう。

　高温は細菌の温床です。夏場などは室内の温度や台所の温度に注意しましょう。また、雨季の湿気は細菌の繁殖に適しています。季節や天候によって食材の取り扱いを考慮しましょう。

● やっつける [殺菌する]

　細菌の繁殖を抑えるには食品の**十分な加熱が最も効果的な方法です**

が、これが不十分で食中毒菌が生き残り、食中毒が発生することもあるので十分に注意してください。一般的に食中毒を起こす細菌は、熱に弱く、**75℃以上で1分間以上加熱すれば死んでしまいます。**その他、食器やふきんを次亜塩素酸ナトリウム液で消毒したり、煮沸したりすること、手指を石けんなどで洗うことなどによる殺菌・消毒も食中毒予防に効果的です。

　ふきんを使用せずに使い捨てのペーパータオルやキッチンペーパーを使用することも予防策の1つです。

　殺菌とは異なりますが、体調のすぐれない時は生ものやレアに近いものを食べること自体を避けたり、自身の体調を整えて日常生活から免疫力を上げておくことも食中毒菌につけいれさせないための術になりますので、普段から心がけましょう。

■ **食中毒予防の三原則**

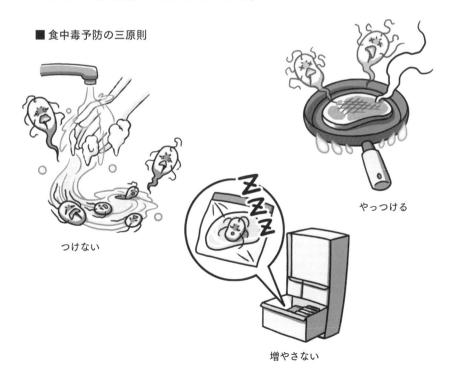

つけない

やっつける

増やさない

2 食中毒対策

① 施設での対策

　施設における食中毒対策のポイントは、**①温度管理、②調理環境、③殺菌**ですが、まずは調理前に手洗いを徹底することが最重要となります。特に清潔はもとより『衛生的』にすることを日頃から意識することで防げることも多くあります。施設の栄養士や調理師等は「いかに衛生的に調理を行えるか」を念頭に食事管理を行っています。エプロン・手袋に加え、髪の毛が落ちないようにキャップをすることは一般的ですが、床の衛生状況も大事な視点です。床が汚れていては歩く度に細菌が舞ってしまいます。そのことも踏まえ、食品を扱う空間ではドタバタと走るなどは避けましょう。

　調理する人の体調管理も必要な対策であり、『持ち込まない』ことを前提に、厨房の出入りも厳重に管理されています。調理用のエプロンを着用したままトイレに行くなどはご法度です。食器も熱処理の可能なものを使用し、劣化したものは使用しないなど細心の注意を払います。

② 在宅での対策

　在宅サービスにおける食中毒対策のポイントは、**①保存方法、②買物、③調理環境**です。

　特に、買物にあたって、食品が新鮮なものか、袋はやぶけていないか、消費期限・賞味期限などに留意しましょう。夏季には保冷材などを使用して持ち帰るようにし、肉・魚は分けて包みましょう。食品購入後はできるだけ早く冷蔵庫・冷凍庫に保管しましょう。

　また、調理品を保存する場合は、調理した日付などを記入することで処分の目安となります。配食の弁当は利用者に了承を得て、できる

だけ翌日には処分しましょう。「もったいない」と言う利用者もいますが、食中毒になって苦しむのは利用者本人です。

　食事提供の場合は室温で提供するのか、冷蔵庫に入れておき、利用者に温めて食べてもらうのかなど、利用者のADL・IADLによって提供方法をアセスメントし実践しましょう。

　また、調理を行う者が手指をけがしている場合は、絆創膏をつけた手で調理することは避け、調理用手袋を使用しましょう。手の傷に繁殖する黄色ブドウ球菌は、75℃以上で1分間以上の加熱で死滅しますが、この菌が増殖する時に産生するエンテロトキシンと呼ばれる毒素は100℃の加熱でも失活しません。

■ 施設での対策

温度管理

調理環境

殺菌

■ 在宅での対策

保存方法

買物

調理環境

3 知っておきたい食中毒の主な原因

■ 図表4-2 病因物質別患者数発生状況（令和元年）

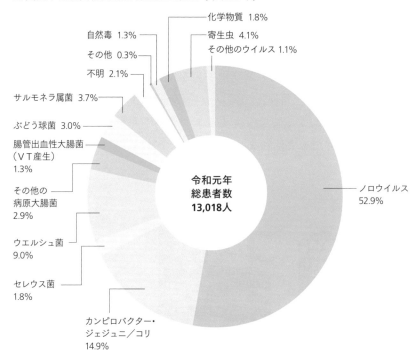

- 化学物質 1.8%
- 自然毒 1.3%
- その他 0.3%
- 不明 2.1%
- サルモネラ属菌 3.7%
- ぶどう球菌 3.0%
- 腸管出血性大腸菌（ＶＴ産生）1.3%
- その他の病原大腸菌 2.9%
- ウエルシュ菌 9.0%
- セレウス菌 1.8%
- カンピロバクター・ジェジュニ／コリ 14.9%
- 寄生虫 4.1%
- その他のウイルス 1.1%
- ノロウイルス 52.9%

令和元年
総患者数
13,018人

① ノロウイルス

ノロウイルスは手指や食品などを介して、口から体内に入ることによって感染し、腸の中で増殖し、**嘔吐、下痢、腹痛**などを起こします。ノロウイルスに汚染された二枚貝などの食品を十分加熱しないまま食べたり、ノロウイルスに汚染された井戸水などを飲んだりして感染

施設などで最も警戒すべきウイルス。85℃以上・1分間以上の加熱で退治できる。消毒は塩素系で。

するほか、ノロウイルスに感染した人の手やつば、ふん便、嘔吐物などを介して、二次感染するケースもあります。

② カンピロバクター

牛や豚、鶏、猫や犬などの腸の中にいる細菌です。この細菌が付着した肉を、生で食べたり、加熱が不十分なまま食べたりすることによって、食中毒を発症します。また、**吐き気や腹痛、水のような下痢**が主な症状で、初期症状では、**発熱や頭痛、筋肉痛、倦怠感**などがみられます。

生焼けの鶏肉料理などに要注意。75℃以上・1分間以上の加熱で退治できる。

③ ウエルシュ菌

人や動物の腸管や土壌などに広く生息する細菌です。酸素のないところで増殖し、芽胞を作るのが特徴です。食後6〜18時間で発症し、**下痢と腹痛**が主な症状として現れます。カレー、煮魚、麺のつけ汁、野菜の煮付けなどの煮込み料理が原因食品となることが多く、対策としては、加熱調理した食品の冷却は速やかに行い、室温で長時間放置しないことです。

給食施設などで発生することから、「給食病」とも呼ばれている。空気が嫌い。

また、食品を再加熱する場合は、よくかきまぜながら十分に加熱して、早めに食べることがポイントです。

④ 寄生虫

イカやサバなどにはアニサキスという数センチ程度の白くて細長い生物が寄生することがあります。また、ヒラメなどには、クドア・セプ

テンプンクタータという目には見えないほど
の小さな生物が寄生していることがあり、馬肉
などには数ミリ程度の長さのサルコシスティ
ス・フェアリーが寄生していることもありま
す。これらを食すと、食後1〜10時間程度の
間に**腹痛や下痢、吐き気**などを引き起こします。

十分な加熱か凍結で退治

　寄生虫の中には人体に影響しないものもあ
ります。必ずしもすべての魚に食中毒を起こす寄生虫がいるわけでは
ありません。加熱調理をすること、**マイナス20℃で48時間以上冷凍**す
ることで多くの寄生虫は死滅します。

⑤ サルモネラ属菌

　牛や豚、鶏、猫や犬などの腸の中にいる細菌
です。牛・豚・鶏などの食肉、卵などが主な原因
食品となるほか、ペットやネズミなどによっ
て、食べ物に菌が付着する場合もあります。菌
が 付着した食べ物を食べてから半日〜2日後
ぐらいで、**激しい胃腸炎、吐き気、嘔吐、腹痛、
下痢、発熱**などの症状が現れます。

卵や食肉を扱う際に警戒す
る。加熱には弱いが、乾燥に
は強い。

⑥ 黄色ブドウ球菌

　ブドウ球菌は自然界に広く分布し、人の皮膚
やのどにもいます。その中でも食中毒の原因と
なるのは、黄色ブドウ球菌です。調理する人の
手や指に傷があったり、傷口が化膿したりして
いる場合は、食品を汚染する確率が高くなりま
す。汚染された食品の中で菌が増殖し、毒素が

菌は熱に弱いが、毒素は100℃
でも退治できない。

作られると食中毒を引き起こします。黄色ブドウ球菌は、酸性やアルカリ性の環境でも増殖し、作られた毒素は熱にも乾燥にも強いという性質があります。汚染された食物を食べると、3時間前後で**急激に嘔吐や吐き気、下痢**などが起こります。

⑦ セレウス菌

河川や土の中など自然界に広く分布している細菌です。土がつきやすい穀類や豆類、香辛料などが主な感染源となり、チャーハンやスパゲティ、スープなどが原因食品となっています。毒素の違いによって、症状は**嘔吐型と下痢型**に分けられます。嘔吐型は食後1〜5時間後、下痢型は食後8〜16時間後に症状が現れます。セレウス菌は熱に強く、加熱による殺菌が難しいのが特徴です。ただし、少量では発症しないため、菌を増やさないことが予防のポイントです。

熱では退治できないので、調理から食べるまでの時間と温度管理が重要。

⑧ 腸管出血性大腸菌（O157やO111など）

牛や豚などの家畜の腸の中にいる病原大腸菌の1つで、O157やO111などがよく知られています。毒性の強い**ベロ毒素**（VT）を出し、**腹痛や水のような下痢、出血性の下痢**を引き起こします。腸管出血性大腸菌は食肉などに付着し、肉を生で食べたり、加熱が不十分なまま食べたりすることによって食中毒を発症します。乳幼児や高齢者などは重症化し、死に至る場合もあります。

潜伏期間は1〜10日と長め。75℃以上・1分間以上の加熱で退治できる。

⑨ 天然毒素（ソラニン、チャコニンなど）

　ジャガイモの芽や緑色の部分に多く含まれる天然毒素です。この部分を取り除かず沢山摂取してしまうと食中毒になります。対策として、皮を厚めにむいて、芽のまわりも多めに取り除き調理をしましょう。取り切れない状態のものは食べない方が安全です。

　フグやキノコの天然毒では、死に至ることがあります。

未熟で小さいジャガイモや緑色になっている部分を避ける。傷をつけたり、光を当てるのも避ける。

⑩ その他（カビ毒）

　食中毒は、細菌やウイルスが原因になることはよく知られていますが、カビはあまり知られていません。そのため、食パンやカレーなどを放置しておくと、カビが出ますが、平気で食べてしまう人もいます。カビの一部には毒素（カビ毒）を作るものがあります。しかし、摂取後に嘔吐や下痢を起こすなどのように急性の中毒が少ないといわれます。

カビは熱で退治できるが、カビ毒は加熱では退治しきれないこともある。アフラトキシンは発がん性が強い。

　ナッツ類、穀類などに**アフラトキシン**などのカビ毒が発生することがあります。世界的に農産物への汚染が広く発生していることから最も注意が必要なカビ毒です。

　カビ毒は長期間摂取することにより、肝障害、腎障害、消化器系障害などを引き起こします。カビの部分を取り除けば大丈夫と言って食べている方も多いのではないでしょうか。長期間食べ続けた時の影響を考えると、安全な食べ方ではありません。

食中毒予防の3原則
●つけない　●増やさない　●やっつける

コラム

「消費期限」「賞味期限」と保存方法

食品の期限表示には「消費期限」と「賞味期限」があります。いずれの期限も〝未開封の状態〟で、〝記載されている保存方法を守った場合〟の期限です。表示されている保存方法は必ず守り、開封したものはできるだけ早く食べましょう。

【消費期限】

弁当やサンドイッチ、惣菜などの傷みやすい食品につけられた期限です。食品が腐敗したり劣化したりすることのない**〝安全に食べられる期限〟**を示しています。未開封でも消費期限を過ぎたものは食べないようにしましょう。

【賞味期限】

スナック菓子やカップめん、缶詰などの日持ちのする食品につけられた期限で、食品が**〝おいしく食べられる期限〟**を示しています。食品の品質が十分保たれる期限を表わしたものなので、賞味期限を過ぎてもすぐに食べられなくなるわけではありません。

食中毒予防の実践

食中毒予防の実践では、買物、保存、調理の下準備、調理、食事、
残った食品の保存まで一連の流れで予防策を実践することが大切です。

① 買物

- 消費期限や賞味期限を確認。
- 肉や魚などの生鮮食品等は最後に買う。
- 寄り道をしないで帰る。

② 保存

- 冷蔵や冷凍の必要な食品は、すぐに冷蔵庫や冷凍庫に保存。
- 肉や魚はビニール袋や容器に入れ、他の食品に肉汁などがかからないようにする。
- 冷蔵庫は10℃以下、冷凍庫は-15℃以下に保つ。

③ 下準備

- 下準備の前に石けんで丁寧に手を洗う。
- 野菜などの食材を流水できれいに洗う。
- 生肉や魚、卵を触ったら手を洗う。

④ 調理

- 調理の前に手を洗う。
- 肉や魚は十分に加熱。中心部を75℃で1分間以上の加熱が目安。

⑤ 食事

- 食べる前に石けんで手を洗う。
- 清潔な食器を使う。

⑥ 残った食品

- 残った食品を扱う前にも手を洗う。
- 清潔な容器に保存する。
- 時間が経ちすぎたものは思い切って捨てる。

1 予防実践の6つのポイント

① 食品の購入

食品の鮮度はどうか、袋はやぶけていないか、消費期限や賞味期限はいつかなどを確認し、できるだけフレッシュなものを選択しましょう。保存方法が困難な食品は避け、冷凍食品を上手に使うことが「時短テク」になり、安全性や保存のひと手間を省くことにもなります。必要な食品、量を確認し無駄にならないような買物を心がけましょう。

肉と魚は分けて包むこと、夏場は保冷材と一緒に袋詰めすることがベストです。また、食品を買った場合は、寄り道せずまっすぐ帰りましょう。

② 食品の保存

まず、手を洗いましょう。エプロンを付けて、髪の毛などが落ちないように身支度をします。冷凍食品はすぐに冷凍庫に入れましょう。肉や魚は必要に応じて小分けし冷凍することも大切です。肉・魚の汁などが出ないように容器に入れて保存することも衛生的です。小分けしたものには、日付を書き込みましょう。ジャガイモや玉ねぎなど冷蔵庫での保存が必要ないものは風通しをよくし、床に直に置かない保蔵方法がよいでしょう。

調味料も同様です。直接日光があたると酸化するものもあります。暗室や冷蔵庫での保存が好ましいといえます。また、お米など虫がわきやすい食材は、野菜室などでの保存もお勧めです。

③ 下準備

野菜などは、流水でしっかり洗いましょう。水気を切り、消毒済のまな板・包丁で切っていきます。残りそうな野菜は、下茹でし、冷凍保存

などしましょう。大根や玉ねぎ、人参などはカットした面をラップで包み空気に触れない工夫をして野菜室で保存します。少しずつ残った野菜をひとまとめにして置いておくと残りの野菜がすぐにわかります。

　肉・魚は、できれば専用のまな板があればよいのですが、ない場合は、**先に加熱しないものから切り、その後、肉・魚を処理**します。下準備が終わったまな板・包丁は、次亜塩素酸ナトリウム液や熱湯などで消毒をすることを心がけます。

④ 調理

　調理の前にも手を洗いましょう。鍋やフライパンなどは、使用する前に一度水洗いをすることをお勧めします。肉や魚にはしっかりと熱を通しましょう。生野菜のサラダなどは、盛り付け後すぐに食べないのであれば、一旦冷蔵庫に入れましょう。使用する食器についても清潔な食器を使うよう心がけます。

⑤ 食事

　手を洗い、食卓テーブルをアルコール消毒液などで拭きましょう。

　みんなで1つのお皿から取り分けて食べるのが一般的な場合もありますが、感染予防のためにもあらかじめ**一人分をお皿に盛りつけて配膳する**ことも大切です。

　食後は、速やかに使用した食器などを洗い、消毒済みのふきんで水気をしっかり拭き取って清潔を保ちましょう。水につけたままの食器や食べものがついたままのお皿などを放置すると、細菌が増えることになりますので注意しましょう。

⑥ 残った食品

　残ってしまった食品は、一度手を付けたものは長く保存することを

避けます。鍋に残った煮物などは、粗熱をとってから、密封のできる容器に移し、冷蔵庫に入れましょう。その場合も日付などを貼っておくと、後になって食べられるかどうかの判断がつき、残ったままにならずにすみます。

2 余ったものの管理と再度、口にする際の注意点

① 配食サービス

配食の弁当などを温めて食べる場合は、箸をつける前に食べる分だけをとりわけ、残ったものはすぐに冷蔵庫に入れましょう。また、作られてから配食されるまでの時間も定かではありませんので、配食された食事はなるべく早く食べきりましょう。

② 食べ残しをどうするか

箸をつけてしまった食べ残しについては、どんどん細菌が増えていきますので、食中毒を予防するためにも、すべて廃棄することが重要です。

配食サービスの食事を残しておきたい場合は、前述のとおり、箸をつける前にとりわけて冷蔵保存するのが適切です。そして、それらを食べる際には、必ず75℃以上で1分間以上再加熱してください。**再加熱できないものは諦めが肝心**です。また、**冷蔵保存も1日が限度**です。それ以降は必ず廃棄するようにしましょう。

③ ペットボトルの飲み残しについて

水分補給が大事だからとペットボトルからちょっと飲んでフタをして、また飲んでを繰り返している利用者がいます。

実は、口をつけて飲んだ飲み物には口の中の菌が入ります。時間がたつとペットボトルの中で菌が増え衛生的ではありません。これは、ストローを使用して飲んだ場合も同じです。そのため、ペットボトルを開けたら早めに飲み切ることです。飲み残した場合は、冷蔵庫に入れて、これもなるべく早く飲み切りましょう。

　不衛生にしない工夫としては、**ペットボトルからコップなどに移して飲むこと**です。これなら細菌が中に入ることはありません。

　なお、夏場や冬の暖房のきいた暑い部屋では、どんどん菌が増殖します。放置すると、ボトルが破裂することもあるので注意しましょう。

④ 冷蔵庫の中で腐っているものをどうするか

　食中毒予防の観点から期限が切れた食品の廃棄を推奨していますが、利用者の中には、冷蔵庫のものを勝手に捨てることを拒否される人もいます。たとえ、期限が切れた弁当でも、ずいぶん古くなった作り置きの料理でも、それが腐っていてもまだ食べられるという利用者もいます。特に高齢

者の場合、もったいない精神が大変高く、多少のものは食べられると思われている人も多くいます。

　しかし、免疫力が落ちてきている高齢者の場合、腐ったものを口にするのはなるべく避けたほうがよいでしょう。認知症などで判断力が低下している利用者の場合、食べられないものまで口にしてしまう可能性もあります。こうしたことを防ぐためにも、冷蔵庫の中で、腐っ

たものや期限切れの食品を見つけたら、利用者が「まだ食べられる」と訴えたとしても、見なかったことにしないで、根気よく廃棄を訴えるなど対応をしましょう。

　ときに正しい知識を伝えることが功を奏したり、あなたのことを心配しているという誠意が通じたり、利用者によって琴線に触れる事柄は変わってくると思いますが、利用者のためにアクションを起こすことも**生活を守る福祉職の大切な役割**だと思います。

食中毒予防実践の6つのポイント

- 買物
- 保存
- 下準備
- 調理
- 食事
- 残った食品

コラム

腐敗には五感をするどく対処

食中毒菌がついているかどうかは、残念ながら五感で対処できませんが、腐敗は見た目や匂い、味、ネバネバするなど人の五感で判断がつく場合も多いので、よく観察してください。

例えば、味噌汁であれば、白いカビが、パンであれば青いカビが生えますし、ご飯は腐るとネバネバと糸をひきます。ペットボトルもよくカビが繁殖します。こうしたことは、職員の観察によって気づけることですので、腐敗による食中毒を予防するためには、「味覚」「視覚（色や見た目）」「嗅覚（匂い）」をフル動員した上で、「何か変だ」という直感も大切にしましょう。

食中毒が疑われた
場合の対処法

食中毒が疑われた場合、感染するものかどうかで対応が変わってきます。

1 在宅での対処法

食中毒の一番の症状としては『下痢・嘔吐』が挙げられます。日頃から排泄状況の把握をすることで異変に気づくことができます。

いつもと違う『下痢症状』および『嘔吐』があった場合には、さかのぼれる限り食べたものを把握・推測しましょう。食事の提供や食材の購入についての記録があると把握・推測するためのヒントとなります。

症状がみられたらすぐにかかりつけ医やサービス提供責任者などに連絡し、医療へつなげ、指示を仰ぎましょう。嘔吐物で汚染された場所の消毒には次亜塩素酸ナトリウム液での消毒が効果的です。

嘔吐物は直接触らずに新聞紙などをかけ、その上から次亜塩素酸ナトリウム液をかけます。

その後、ゴミ袋で包み、嘔吐物等が完全になくなるまで繰り返します。処理中は、室内の換気も行いましょう。

嘔吐物を処理する際は、必ずマスク・手袋を着用しましょう。また利用者が触れた部分も次亜塩素酸ナトリウム液で消毒するとよいでしょう。もしもの場合に備えて日頃からケア時にはエプロンを着用することで防げる感染症もあります。なお、マスクや使い捨ての手袋、エプロンの着脱方法は第2章を参考にして行いましょう。

ノロウイルスに関しては、嘔吐・下痢をしたその場に立ち会った場合は、対応後の自身の体調の観察が必要となります。

ノロウイルスはトイレットペーパーを100枚重ねても通過してしまうほど小さなウイルスです。うがい・手洗い・消毒を徹底しましょう。

4章

SECTION 3

食中毒の知識

2 施設での対処法

施設が一番恐れている食中毒はノロウイルスです。施設での感染症マニュアルに沿って対応し、いつ発生しても対応できるように感染症対策の流れを定期的に確認し、疑似実践することが有効です。

処理用キット（例：使い捨て手袋・エプロン（ガウン）・使い捨てマスク・ビニール袋・ペーパータオル（新聞紙など）・次亜塩素酸ナトリウム液・空のペットボトル）は最低でも**1年に1回は物品の確認**（劣化していないか）と、補充を行い、**いつでも使用可能な状態**にしておきましょう。

また、食事の提供に関しては『色・におい・味』の確認を行い、異変を感じた場合は他の職員と共有し、厨房・栄養士・弁当事業者などへ連絡しましょう。

そのためには事前の検食が必須です。配膳車を使用している場合は配膳車の異常時等はすぐに修理をするなどの適切な対応を行うことから食中毒予防を行いましょう。もし、感染症が発生した場合（特にノロウイルス）は保健所等へ連絡し、指示を仰ぎ対応します。

3 高齢者がかかりやすい食中毒

食中毒は夏場が要注意です。昭和初期生まれの方々には冷蔵庫使用が浸透しておらず、常温保存のまま「もったない」と残さず食べようとする習慣があります。お鍋で調理した味噌汁などをそのままの状態でコンロの上に置いておくと、翌日には細菌が増えています。しかし、加熱すれば大丈夫と思い込み、それがリスクとなる可能性もあります。

また、認知症等により腐敗しているものの判別がつかない利用者もいるため介護者が介入することが必要です。口腔内のケアが不十分であっても食中毒と同等の症状が発生する場合があるので要注意です。

　さらに、ゴキブリが発生する場合は冬場から害虫駆除対策を講じましょう。

　生で食べる野菜を清潔なまな板の上で調理しているかなど調理環境にも目を配りましょう。

　なお、高齢者が食中毒を起こした場合、特に注意しておきたい状況と症状について以下にまとめました。

■ 図表4-3 特に注意が必要な状況と症状

- 水分の補給ができていない場合
- 1日に10回以上、嘔吐・下痢がある場合
- 激しい下痢症状がある場合
- 便に血液が混じっている場合
- 腹痛が続く場合
- 呼吸が不安定、意識がもうろうとしている場合
- ぐったりしている場合
- 高熱がある場合　　　　　　　　　　　　　　　　　　　　など

食中毒が疑われたら
- 原因の特定と適切な報告・連絡を行う
- 嘔吐物・排泄物の処理は落ちついて、
  くれぐれも素手で行わないこと

食べ残しや腐敗したものを上手に廃棄する工夫

調理後、長時間経過したものは食中毒の原因になりますので、利用者が「まだ食べられる」と主張されても、できれば、早急に対策を講じたいところです。まずは、以下の点を確認しましょう。

□食べ残した理由は何か？

□作る量が多すぎなのではないか？

□廃棄しない理由は何か？

□廃棄が必要なことをどのように説明したのか？

食べ残すのにはさまざまな理由があります。嗜好や食べ物へのこだわり、健康状態や天候、そもそも量が多いなどといった理由から残してしまい、「もったいない」と冷蔵庫に保存しているのです。こうした理由を確認した上で、まずは食べ残しが出ないように対応していくことが大切です。

それでも食べ残しや冷蔵庫の中で腐敗したものを見つけたら、利用者の自尊心に配慮して、声かけをしましょう。「このお肉ですが、賞味期限が切れています。食中毒が心配な季節ですので、片付けましょう」など、必要性を説明し、必ず、納得してもらうことが大切です。

「捨てる」という言葉を使用せず、「片付ける」と言ったり、認知症の高齢者の場合には、ときには、「隙を見つけて処分すること」も必要となるでしょう。

利用者の生活歴や普段の言動を参考にして、アプローチの方法を考えていきましょう。そのためにも信頼関係をしっかり築いておくことが大切です。

福祉現場で
感染予防のために
できること

予防の視点

病気は予防が何よりも大事。感染症も同じです。そのために、感染症対策（感染対策）として、第2章で解説した「感染予防（感染対策）の3原則」を改めて心に刻んでください。

感染源の排除
19ページ参照

感染経路の遮断
19ページ参照

免疫力の向上
20ページ参照

1 感染予防は職員自身の健康から

福祉現場の感染予防として、利用者に降りかかる病原体を除去するためには、まず、利用者にかかわる**職員が**、病原体に対する免疫力（抵抗力）を保ち、病原体を身の回りから除去し、**感染源にならないようにする必要**があります。利用者の生活に寄り添い、身体に触れ、ときに生命にかかわる仕事をしていることを自覚して、日頃から、自身の健康には気をつかっていきましょう。以下の項目を確認してみてください。

■ 健康チェック

- 手洗いやうがい、咳エチケットを励行している　　　　　　YES・NO
- 外出時などにはマスクを着用し、不要な外出を控えている　YES・NO
- 部屋の換気や湿度に気を配っている　　　　　　　　　　　YES・NO
- 健康診断や予防接種は定期的に必ず受けている　　　　　　YES・NO
- 栄養バランスの取れた食事を摂っている　　　　　　　　　YES・NO
- 十分な睡眠と休息を確保している　　　　　　　　　　　　YES・NO
- 適度な運動を心がけ、体力を維持している　　　　　　　　YES・NO
- ストレスや不安を解消し、気分転換をはかっている　　　　YES・NO

いかがでしょうか？　ほとんどが自身の努力でYESにチェックができる項目ですが、人によっては、仕事の都合で不規則な生活習慣や偏った食事を強いられていることもあり、運動の習慣がない人も多いでしょう。しかし、新型コロナウイルスの流行によって、人々の感染症に対する意識が変わっていく中、とりわけ福祉現場で働く私たちには、これまで以上に、予防の視点を持った行動が求められているのです。

5章 SECTION 1 福祉現場で感染予防のためにできること

2 実際の予防（現場の声から）

1に手洗い！ 2にマスク！

　私の職場では、「1に手洗い！　2にマスク！」と職員同士で声をかけあいながら、標準予防策の徹底に努めています。そんな私は、自宅でも「1に手洗い！　2にマスク！」を励行。食事の前やトイレの後、外出先からの帰宅時など、真っ先に流水と石けんで手洗い、そして、うがいをするようにしています。たまに面倒くさくなることもあるけど、仕事柄やむを得ません。家族にもお願いしています。

　冬場の手荒れ対策としては、手の脂分を取り過ぎないように、「お湯では洗わない」「洗剤を使う時は手袋」「保湿クリームはその都度つける」ように気をつけています。

咳エチケットという「マナー」

　コロナ禍を機に、標準予防策の1つとして職場で心がけていた**咳エチケット**を、私生活でも意識して行うようにしました。特に、食事中など、マスクを外している時に、何もせずに咳やくしゃみをしないよう、口元をハンカチやティッシュで覆ったり、ひじの内側で覆うようにしています。とっさに素手で口や鼻を押さえてしまった時は、すぐに手を洗います。

　先日、私の仲間が、食事中に会話する際、広げた扇子で口元を覆って飛沫を防いでいました。なかなか素敵な"センス"です。咳エチケットは、もはや常識であり、**マナーの一環**です。福祉・介護という対人サービスに携わる身としては、さりげなく振る舞っていきたいものです。

目や鼻、のどへの気遣い

標準予防策では、利用者の目や鼻、のどの粘膜には病原体があるものとして対応します。そうであれば、**自分自身の「粘膜」にも気遣う必要**があるということですね。私が気をつけていることは、「うがいの励行」「のど飴などで潤わせる」「鼻を強くかまない」「汚れた手で目をこすらない」「皮膚が傷ついたら、消毒して絆創膏で覆う」「家の中に温度・湿度計を置いて、20℃以上、50〜60％になるようにする」などです。外出時のマスク着用は、保湿という点でもよいですね。先日は「鼻うがい」にチャレンジしました。

家の中では加湿器を使っていますが、最近は、加湿や換気機能付きのエアコンも普及しつつあります。お金が貯まったら奮発して、手に入れようかなと考えています。

健康診断や予防接種、病院受診を怠らない

私は職場で年2回実施する健康診断を必ず受けています。利用者とともに、私たち自身も年をとり、体力・気力も衰えますから、自分の**健康を過信しない**ようにしたいものです。それに、インフルエンザの予防接種も受けています。すべては利用者のため、そして自分自身のためです。今、病院に行くのは感染が怖いという人もいますが、病院でも感染対策を可能な限り行っています。私の家族や友人には、マスクの着用などを配慮した上で、**必要な受診などは怠らないように**と助言しています。

3 生活習慣の見直し

① 食事

　免疫力（抵抗力）を保つためには、食事で栄養をしっかり摂ることが大切です。世界保健機関（ＷＨＯ）が公表した「食事・栄養面からの新型コロナウイルス感染症（COVID-19）対策」では、「毎日、新鮮で加工されていない食品を食べる」「毎日、十分な水を飲む」「脂肪分は適量を摂取する」「塩や砂糖を控えめにする」など、コロナ対策に限らず健康維持のアドバイスとして、至極まっとうな内容が掲載されていますが、漠然としています。また、何をどれだけ食べると免疫力が高くなる、と断言できるものはありません。何より大切なのは、**栄養のバランス**なのです。

　そこでお勧めなのが、「食事バランスガイド」です。皆さんもどこかでみたことがあると思いますが、ここでは、栄養素の分量ではなく、実際の料理で示してくれていますので視覚的にバランスの取れた食事が確認できて便利です。

② 睡眠

　「睡眠不足だと風邪をひきやすい」……これは実際の研究結果でもいわれていることですが、実感としても睡眠不足や疲労が溜まっている時に風邪をひくことが多いように思います。

　仕事と家事や育児、身内の介護などとの両立が求められる時代に、睡眠時間を十分に確保するのも簡単ではありません。しかし、感染症に対する免疫力を保つという観点以上に、睡眠不足を続けていくことが、ほかの病気につながったり、あるいは仕事上のミスや事故につながる可能性を考えれば、今すぐにでも改善したほうがよいことは確かです。

③ 運動

　適度な運動の継続は、腰痛や肩こりの防止・改善、体力の維持・向上、ストレス解消などに加えて、感染に対する免疫力（抵抗力）の維持・向上の効果もあり、ウォーキングやジョギング、ストレッチなどは今すぐ取り組めて、とてもお勧めです。

　ここで取り上げた、食事、睡眠、運動は免疫力向上につながる重要な要素ですが、最後にストレスについて触れておきます。働きすぎや悩みすぎによって心と身体にのしかかるストレスが、免疫力を下げる最大の要因といっても過言ではないでしょう。ですから、いかにストレスから解放されるかが免疫力を下げないための鍵です。

　では、主だったストレス解消法を挙げてみます。

- たくさん寝る
- 美味しいものを食べる
- 運動で汗を流す
- 人と話す
- 買い物をする
- 旅行に行く
- 趣味に没頭する（ＴＶを見る・映画を見る・音楽を聴く・本を読むなど）

　食べる、寝る、身体を動かす、はストレス解消の手段としてもとても大切です。加えてお勧めは「笑うこと」。笑うことで"幸せホルモン"と呼ばれるセロトニンが分泌され、心が穏やかになります。映画を見たり、友人とおしゃべりしたりして、たくさん笑って、感染症を寄せつけないようにしましょう（ただし、コロナ禍では、感染対策を万全に整えた上でおしゃべりや旅行を楽しみましょう）。

事業所・施設としての取り組み

福祉現場での感染症対策は、事業者（事業所・施設）の責任のもとでもしっかりと行わなければなりません。法令を遵守して（コンプライアンス：利用者や国民を守る立場にある国などの行政が定める法律や命令に沿って、良質なサービスを提供する）確実に取り組んでいきましょう。

1 法令の遵守

　事業所・施設とそこで働く職員が留意すべきものに、**日本国憲法第25条**があります。

◉日本国憲法第25条

第1項	すべての国民は、健康で文化的な最低限度の生活を営む権利を有する。
第2項	国は、すべての生活部面について、社会福祉、社会保障及び公衆衛生の向上及び増進に努めなければならない。

　上記は、「生存権」といわれるもので、利用者の尊厳を保持し、自立を支援するための、根拠・根源となっています。感染対策も、生存権を踏まえていると理解することができます。

　また、福祉の各分野で規定されている基準（各分野の事業所・施設とその職員が、良質なサービスを提供するために守らなければならない行政からの命令文）に、一例として、次のようなものがあります。

◉「指定居宅サービス等の事業の人員、設備及び運営に関する基準」
（平成11年3月31日厚生省令第37号）

（衛生管理等）
第31条 指定訪問介護事業者は、訪問介護員等の清潔の保持及び健康状態について、必要な管理を行わなければならない。
2　　指定訪問介護事業者は、指定訪問介護事業所の設備及び備品等について、衛生的な管理に努めなければならない。

　事業者（事業所・施設）は、職員の衛生管理も行わなければならず、そ

5章

SECTION 2

福祉現場で感染予防のためにできること

の一環として、健康診断や予防接種が位置付けられます。

　利用者の生命を24時間預かる介護施設には、次のような規定があります。

●「指定介護老人福祉施設の人員、設備及び運営に関する基準」（平成11年3月31日厚生省令第39号）

（健康管理）

第18条　指定介護老人福祉施設の医師又は看護職員は、常に入所者の健康の状況に注意し、必要に応じて健康保持のための適切な措置を採らなければならない。

（衛生管理等）

第27条　指定介護老人福祉施設は、入所者の使用する食器その他の設備又は飲用に供する水について、衛生的な管理に努め、又は衛生上必要な措置を講ずるとともに、医薬品及び医療機器の管理を適正に行わなければならない。

2　指定介護老人福祉施設は、当該指定介護老人福祉施設において感染症又は食中毒が発生し、又はまん延しないように、次の各号に掲げる措置を講じなければならない。

　　一　当該指定介護老人福祉施設における感染症及び食中毒の予防及びまん延の防止のための対策を検討する委員会をおおむね3月に1回以上開催するとともに、その結果について、介護職員その他の従業者に周知徹底を図ること。

　　二　当該指定介護老人福祉施設における感染症及び食中毒の予防及びまん延の防止のための指針を整備すること。

　　三　当該指定介護老人福祉施設において、介護職員その他の従業者に対し、感染症及び食中毒の予防及びまん延の防止のための研修を定期的に実施すること。

> 四 前3号に掲げるもののほか、別に厚生労働大臣が定める感
> 染症及び食中毒の発生が疑われる際の対処等に関する手順に
> 沿った対応を行うこと。

　訪問介護や介護老人福祉施設（特別養護老人ホーム）をはじめとする、高齢者等の生活を支援する介護保険制度下の介護サービスに対しては、**「介護サービス情報の公表制度」**によって、利用者等が適切で良質なサービスを提供している事業所・施設を選択できるよう、事業所・施設におけるさまざまな取り組みなどが公表されています。その中の「運営状況」の1つに、「安全・衛生管理等」という項目があり、以下の事柄について、その有無が公表されています。

◉安全管理および衛生管理のための取り組みとして
　感染症および食中毒の発生の予防やまん延を防止するための仕組みがある。
- 感染症および食中毒の発生事例等の検討記録がある。
- 感染症および食中毒の発生の予防等に関するマニュアル等がある。
- 感染症および食中毒の発生の予防等に関する研修実施記録がある。

　以上のような規定などを踏まえ、サービスを提供する事業所・施設では、**全職員を対象として、感染症に関する研修**を行わなければなりません。研修の実施時期は、インフルエンザなどの感染症が流行する前（毎年10月くらい）や、新型コロナウイルスのような新しい感染症の流行時に合わせることが大切です。また、**感染症の予防とまん延防止にかかるマニュアルの作成と活用**も不可欠です。マニュアルは、現場のサービスに適した内容となっているか、必要に応じて見直し、研修などで読み合わせ、実行しましょう。

5章 SECTION 2 福祉現場で感染予防のためにできること

143

加湿器の設置や、ドアノブなど利用者や職員等が触れる部分を、アルコールや次亜塩素酸ナトリウム液で１日１回以上は拭くなど、事業所・施設内の衛生面への配慮も欠かせません。また、**職員の健康診断や予防接種を確実に手配**することも重要です。これらは、**法令遵守**という点でも、怠ることはできないのです。

2 実際の取り組み（現場の声から）

事業所や施設としての取り組みについて現場の声を集めてみました。

感染症対策の実技研修

私がサービス提供責任者として勤めている訪問介護事業所では、**感染症対策に関する「実技研修」**を行っています。

利用者宅にあるハイターなどの家庭用塩素系漂白剤から、ノロウイルスに効く消毒液を作ったり、もったいないのですが、床にヨーグルトをまき、それを嘔吐物と見立てて、十分に拭き取る練習をします。

また、訪問時、利用者が咳やくしゃみをしていたらどうするか（マスクをしていない利用者には着用の依頼、ケアマネジャーや家族と連携しながら、訪問看護への報告や受診の促しなど）、サービスの提供中に、利用者が下痢や嘔吐をしたらどうするかなど、サービス提供責任者が利用者役になり、研修に参加したホームヘルパーに対応してもらい、必要に応じてアドバイスをしています。

消毒セットを配布

私が管理者をしている定期巡回・随時対応型訪問介護看護事業所で

は、うがい薬と手洗い用液体石けん、アルコール手指消毒液を、それぞれ小さなボトルに入れた「消毒セット」を、ホームヘルパー等職員全員に配っています。また、訪問先で何が起きても対応できるように、マスク、使い捨てのラテックス（ゴム）手袋、ビニール袋も提供し、消毒セットともども、訪問時には必ず携帯するように指示しています。

　さらに、新型コロナウイルスによる感染拡大を機に、移動用の車の中に、使い捨てガウンを装備。37.5℃以上の発熱者に対して装着するようマニュアルに加えました。コストはかかりますが、職員が感染症にかかり、仕事を休んだことに伴う事業所業務の負担増加や、それに伴うサービスの質の低下、利用者の満足度の低下、売り上げの減少などを考えると、必要な取り組みです。

設備や備品の消毒を徹底

　私が介護主任として勤務する施設では、**手すりやドアノブ、エレベーターのボタンなど、利用者や職員等が頻繁に触れる部分の、アルコール消毒を徹底**しています。私の施設では、「1日1回」行っていますが、ほかの施設では、「1日2回、早番者や夜勤者が行う」など、取り組みはさまざまなようです。

　最近、力を入れるようになったのは「パソコンのキーボード」「職員間の連絡等に使用する携帯電話」「記録を入力するタブレット端末」「送迎等で使用する自動車のハンドル」です。複数の職員が触れるものですので、消毒することが確実です。また、「テーブルはSの字を描くように拭き、利用者がつかむ端の部分まで丁寧に拭く」など、**マニュアルでも、より具体的に表記**するようにしています。

5章

福祉現場で感染予防のためにできること

　私が従事する施設では、**感染対策委員会**という会議を、3か月に1回開催しています。委員会は、施設長や事務長、介護、看護、栄養・調理、機能訓練といった各部署の職員で構成され、次のような内容について、検討・共有しています。

- 直近の施設内での感染症の発生状況と、実施したまん延防止策について
- 日頃の感染症予防のための取り組みとその状況確認
- マスクやアルコール消毒液など備品の管理、調達
- 都道府県や市区町村等から発信された感染症に関する情報の共有・分析
- 今後、全職員に周知すべき内容の確認と発信　など

　委員は、定期的に施設内を巡回し、感染対策の周知・徹底状況を確認した上、職員に注意を喚起しています。「こんなに忙しいのに、そこまでしなくても」と言う職員もいますが、利用者のため、そして私たち職員自身のために、必要な活動と自覚しています。

　私は、介護施設の施設長です。コロナ禍の際は、これまで対面で行ってきた研修を一旦すべて中止して、その後、再開するにあたって、職員の意見も聞きながら、**「本当に必要な研修」**をピックアップして、「少人数で」「複数回に分けて」行うことにしました。サービスの質に直結する、介護技術や感染対策に関することは必須です。介護サービス情報の公表制度で求められている研修内容も大事です。一方、感染関連の研修や職員会議などで、**「感染対策はなぜ必要なのか」**

ということを、次のような視点で伝達しています。

- 利用者を感染から守る。
- 職員を感染から守る。
- 利用者や職員の家族を守る。
- 事業者（事業所・施設）の信頼を守る。
- 事業者（事業所・施設）の経営を守る。

感染対策は、リスクマネジメントの一部です。リスクマネジメントは、感染などの事故発生を未然に防止することや、発生した事故を速やかに処理することにより、利用者の生命や生活、安全を守るとともに、事業者（事業所・施設）の損害を最小限に食い止めることを目的としています。職員には、リスクマネジメントという点からも、感染症対策を捉えてもらっています。なお、職員は身体的・精神的、そして社会的にも負担・負荷を抱えている状態です。職員には、「どんなに対策を行っても、感染症が発生する時はする。感染者を出すことが、悪いことでも失敗でもない。これまで通り、必要以上に気負わず、利用者の生活を支えていこう」と伝えています。

サービス提供の
現場にて

繰り返しになりますが、感染症予防の視点で、私たちが福祉現場で行う
べき行動を振り返ります。

マスクの着用

利用者の
マスクの着用

マイ体温計等

手洗い

換気

距離をとる

1 手洗いに始まり、手洗いに終わる

　感染症の予防は、「（石けんと流水による）**手洗いに始まり、手洗いに終わる**」「**1ケア・1手洗い**」とも言われています。通常の石けんには、アルコール手指消毒液のような殺菌効果はありませんが、手の脂肪などの汚れを落とすことにより、ウイルスなどの病原体を、手指からはがれやすくする効果があります。サービス提供の現場や日常の行動として励行しているかと思いますが、今一度、手洗いの手順を振り返り（22ページ参照）、引き続き、徹底していってください。なお、爪は短く切り、時計や指輪を外すことで、ウイルスが留まる場所もなくしましょう。

　手洗いは、サービスの開始時と終了時、調理前や食事介助前、外出や排泄の介助後などに、必ず行います。利用者が咳やくしゃみをしている時などは、よりこまめに丁寧に行い、手洗い後にはアルコール手指消毒液も使用します。

　手洗いの実施に際して、特段の配慮を必要とするのが、在宅サービスの現場です。訪問介護など在宅の訪問系サービスの契約時には、利用者宅でのホームヘルパー等**職員の手洗いやうがいについて、利用者や家族から了承を得て、洗面所や台所など場所の指定も受けておくことが賢明です。**サービスを提供する訪問時にも、「洗面所を使わせていただきます」と利用者や家族に声かけの上で、使わせてもらいます。手や口を拭く時は、利用者宅のタオルは使用せず、持参したタオルやハンカチを携帯して使うのは当然です。

　一方、了承を得られないなどにより、手洗いができない利用者宅では、汚れを落とす効果はありませんが、アルコール手指消毒液のみを使います。これらのことは、手洗いの手順などとともに、事業所のマニュアルや、利用者個別の手順書などに明記し、研修やカンファレンスなどでも確認・共有の上、全職員で実行します。

2 利用者のマスク着用の励行

　インフルエンザなどが流行する冬季は、ホームヘルパー等職員の訪問時や通所系サービスの利用時など、可能な限り、利用者にもマスクを着けてもらうことや、利用者が着用するマスクを家族に購入してもらうなど、必要な対応・調整を行います。利用者のマスク着用については、施設でも同様です。

　介護サービスなどの福祉現場では、利用者への声かけや双方向のコミュニケーションが不可欠です。特に新型コロナウイルスの感染対策という意味では、季節によらず、マスクの着用が職員、利用者の双方に求められます。飛沫感染予防のために、利用者・家族の理解と協力を得ていきましょう。その一方で、利用者のマスク着用という、ひと手間かかる促しや対応に、負担があるかもしれませんが、更衣や身だしなみの支援の延長として受け止め、行っていきたいものです。

　なお、利用者の中には、手洗いやうがい、マスク着用の習慣がない人がいます。利用者の生活を一方的に変えることはできませんが、利用者に声をかけ、外出前にはマスクの着用、外出の後には手洗いを促したり、「テレビでもやっていましたね」と、感染症に関する話題を会話に取り入れて、関心を高めてもらいます。新型コロナウイルス感染症の話題や情報が飛び交う中、きっかけは作りやすいかもしれません。

3 現場の声から

マイ体温計

　私のカバンには、咳エチケットの必需品であるハンカチやティッシュ、マスクやマスクケースなどのほかに「マイお箸」「マイエコバッグ」が入っているのですが、コロナ禍をきっかけに、**「マイ体温計」**と**「マイアルコール消毒液」**を加えました。

　私が勤める通所介護事業所では、出勤時に検温を行い、記録するようになっています。非接触型の体温計が、タイムカードの横に備えられているのですが、同僚の職員と同時に出勤すると譲り合うことになります。そこで、自前の体温計を持参すれば、「時短」という点で効率的で、気持ちの面でもよいかなと思っています。

マスクを外した状態を作らない

　私が勤める施設では、**「職員がマスクを外した状態を作らない」仕組みをマニュアル化**し、実行しています。

　職員は、自前のマスクを着用して出勤します。更衣室に着いたら、マスクを外し、マスクケースに入れて、ロッカーに収納。直後に、職場で用意したマスクを装着します。勤務が終了したら更衣室で職場のマスクを外し、専用の「足踏み式のフタ付きごみ箱」に捨て、ロッカーに置いていた自前のマスクを着け直して退勤します。病原体を「持ち込まない」「持ち帰らない」という点で、適切と実感しています。

　利用者にサービスを提供している最中に、**職員同士で交わす私語は厳禁。**接遇マナーという点でも、以前から求められていましたが、私の職場では、十分に守られていませんでした。今回のコロナ禍で、飛沫感染予防という点からも、マスク着用とあわせて、改めて気をつけていこうと、全職員で申し合わせました。

　もちろん仕事上、必要なことは、口頭でコミュニケーションをとりますが、**「不要不急の用件」については、「ケース記録」「申し送りノート」などに書く**ことにしました。記録に残ることは、利用者1人ひとりへの連続・継続したサービス提供という点でも有効です。

　当方の施設ではコロナ禍をきっかけに、「利用者のケアにおいて福祉用具などの物を活用することで、利用者と職員が密着する時間を減らす」ということを、真剣に検討するようになりました。

　その結果、ベッドからの起き上がり動作などが難しい利用者に対しては、移動用リフトを導入しました。**介護は、密集・密閉・密接以外の、第4の密である「密着」が避けられない行為**です。その中で、リフトの導入は、利用者と職員との密着を、いくらか回避することができます。実は以前にも、職員の負担軽減・腰痛防止を図るために、リフトの導入を検討したのですが、「職員が操作方法を十分に習得できない」「従来の介護技術によるケアのほうが早い」などの理由で、定着しませんでした。しかし、今回は、感染症対策の一環として取り組むことで、職員のモチベーションも高まり、定着するに至ったのでした。

面会を慎重に

　コロナ禍によって、対面による家族の面会も制限しました。そこで対面に替わる手段として、タブレット端末などを使って、利用者（入所者）と家族が顔を合わせられるように工夫してきました。感染状況に落ち着きがみられるようになってからは、1階ロビーにて、10分程度の時間に留めましたが、透明のアクリル板越しの面会を実施しました。マイクとスピーカーも置いて、耳の遠い利用者にも配慮しました。

　その後、居室での面会を再開した後も、来所時の検温・体調確認、1回の面会者や1度のエレベーター乗車の人数制限（例えば、1組2人まで）、面会の制限時間などを具体的に示し、家族にも了解を得て行っています。家族にとっても面倒で、職員にとっても手間がかかる業務ですが、利用者・家族、そして職員のために、必要なことと承知した上で、対応しています。

認知症の利用者とともにマスクを手作り

　認知症高齢者のグループホーム（認知症対応型共同生活介護）に勤めています。認知症の利用者には、職員がマスクを着用していると、表情がみえにくくなっているからか、不穏になる人がいます。そのような時には、声かけや会話を抑えた上で、一時的にマスクを外すことがあります。また、長年の生活歴に、マスクを着けるという生活習慣がない利用者が多く、認知機能が低下している中、マスク着用を促しても拒み、着けてもすぐに外してしまうことが少なくありません。

　どのような対応していけばよいか、職員間で検討し、**利用者と職員が一緒にマスクを手作りする**ことを試みました。家族から手拭いなどの端切れを提供してもらい、裁縫が得意な利用者、ミシンを使いこな

5章
SECTION 3

福祉現場で感染予防のためにできること

す職員が中心となって、完成した手作りマスク。職員が着けると、「あら。いいわねぇ」と利用者も自ら作ったマスクを装着してくれました。

　すべての認知症の人に通用するわけではないでしょうが、日頃から利用者と職員がともに生活を創っていくグループホームらしい出来事となりました。なお、職員が手作りマスクを着けて仕事をする場合は、不織布のインナーを挿入して、飛沫感染予防の効果を上げるようにしています。

自己覚知

　コロナ禍によって、これまで以上に不安感・負担感が増し、ストレスが溜まっているように感じます。それを自覚しないと、利用者に対して、感情的になったり、冷静な対応ができなくなり、結果として、サービスの質の低下につながり、万が一の虐待のリスクも高まります。

　そこで、**自己覚知**（自分の感情の動きとその背景を洞察することなどにより、自分自身を理解し、感情や態度を意識的にコントロールして、感情的な反応を示さないようにすること）の大切さとその実践の必要性を改めて痛感しています。

　私は、出勤時にタイムカードを押した後、検温をしている際、胸に手を当て、今日の心身のコンディションを確認します。不安やイライラしている自分に気づいた時は、深呼吸して冷静になります。気分が落ち込んでいる時は、「さぁ仕事だ」と顔を上げて、少しだけ気合いを入れます。そして、今日も、穏やかに利用者に寄り添い、対応しようと小さくうなずいて仕事場へ向かうのです。

利用者とともに乗り越える

　コロナ禍により、福祉現場の負担や大変さは増しました。しかし、本当に大変なのは、利用者本人やその家族ではないでしょうか。利用者は、免疫力を低下させる加齢や基礎疾患などを持っていることが多く、家族も高齢であることが少なくありません。

　在宅の利用者・家族は、訪問・通所・短期入所といった、さまざまなサービスを利用することで、職員という多くの「他人」と接触することになります。施設の利用者も、集団での生活に加えて、自宅や外界を往復しながら24時間交代制で従事する、複数の職員によるサービスを利用しています。

　利用者は常に、「この職員は、感染していないかしら」と、不安に駆られながら、自宅や居室で職員の訪問を受け、サービスを利用しているのです。家族にも面会制限や、マスク・消毒液の購入依頼など、精神的にも経済的にも負担をかけています。

　でも、そんな利用者・家族が、「大変な仕事ね。おつかれさま」「今日も来てくれて、ありがとう」「体に気をつけて」と声をかけてくださり、労をねぎらってくれる。ホッとするとともに、涙が出ます。そして、「私たち福祉現場の職員が、感染の媒介者になってはいけない」と、改めて気を引き締めます。

　媒介者にならないために、標準予防策（スタンダードプリコーション）をはじめとする感染症とその対策に関する、正しい知識・情報、技術、考え方などを学び、身につけ、実践することが、本当に大切だと感じる日々です。利用者・家族とともに、今の状況を乗り越えていきたいと思います。

第 **6** 章

新型コロナ
ウイルスに関する
Q & A

新型コロナウイルスに感染しない・させないために役立つQ&A

1 「新しい生活様式」とはどのようなものですか？

 新しい生活様式の基本は以下の3つです。

①**人との接触を最低限にすること**。例えばお互いの距離をできるだけ2メートル以上保つこと（最低1メートル）。具体的には、お互いが手を伸ばしあっても届かない距離です。

②**いつもマスクを着用すること**（夏場は熱中症に十分注意※Q2参照）

③**ちゃんとした手洗いをすること**（流水と石けんで30秒程度丁寧に洗う）です。

そして**移動に気をつけること**。具体的には感染が流行している地域への移動を控えたり、新型コロナウイルス接触確認アプリ（COCOA:Q36〜40参照）を利用したりすることです。

生活をする上では、**3密（密閉、密集、密接）の回避**が大切です。そして、毎日の健康チェックや免疫力を高めるような適切な食事や運動といった基本的な健康管理をしましょう。

これが新しい生活様式のあらましです。

②「新しい生活様式」を実践しつつ夏の熱中症予防や冬の換気の工夫を教えてください

（1）換気について

1）夏の場合

熱中症予防のためにはエアコンの活用が有効です。ただし、一般的な家庭用エアコンは、空気を循環させるだけで換気を行っていません。新型コロナウイルス対策のためには、今までより少し冷房の温度を低めに設定しながら窓を開けたり換気扇を回したりして換気をしましょう。

2）冬の場合

冬になり室温が下がると窓を開けての換気を避けたくなりますが、「エアコン等の設定を高めにする」「サーキュレーター等を使用して足元にも温かい空気が循環するようにする」といった工夫をしながら、換気を行いましょう。

（2）マスクの着用について

冬は着用しやすいですが、夏は熱中症の原因になることもあります。そのため気温や湿度が高い時は、屋外で人と２メートル以上の距離が保てている場合には、マスクを外すようにしましょう。マスクを着用している間は、のどが渇いていなくてもこまめな水分補給をしましょう。

（3）日頃の健康管理について

毎日の健康チェックは、新しい生活様式の1つです。平熱を知っておくことで、発熱に早く気づくこともできます。体調が悪いと感じた時は、無理せず自宅で静養するようにしましょう。

3 使い捨て手袋をしてケアをしても手洗いは、必要ですか？

A 「使い捨て手袋をしているから手洗いや手指消毒薬はいらない」と思っている人もいるかもしれません。確かに使い捨て手袋は体液に直接触れることは防げます。しかし、とても小さなウイルスは、手袋の繊維など、ものともせずに通過してしまいます。そのために、使い捨て手袋を着用したケアの後も、丁寧に時間をかけた石けんと流水による手指洗浄や擦式手指アルコール消毒薬が必要です。

なお、コロナウイルスの組成の一部は脂質（エンベロープという膜）です。十分な石けんによる手指洗浄は、この脂質を破壊し、ウイルスを死滅させます。また、適切な濃度のアルコール消毒薬も同様のしくみでウイルスに効果があります。

冬は、水の冷たさから手洗いを避けたり、短くなったりしがちです。ぬるま湯で洗ったり、水しか出ない場合は、洗面器等に湯を用意しておいて、手洗い後に温める等の工夫をして丁寧な手洗いを続けましょう。手荒れも皮膚の抵抗力が落ちるため、ハンドクリームを適宜使用し、スキンケアも行ってください。

④ 介護事業所等の感染対策の動画等はありますか？

厚生労働省の動画「そうだったのか！　感染対策！」シリーズがあります。You-tubeで見ることができます。

例）「訪問介護職員のためのそうだったのか！　感染対策！」

（https://www.youtube.com/playlist?list=PLMG33RKISnWj_HIGPFEBEiyWloHZGHxCc, 2021年1月5日最終閲覧）

⑤ 施設で日頃から気をつける感染予防のポイントはありますか？

利用者、職員の日々の健康確認、使用場所の清掃・消毒はもちろん、利用者の共用場所での3密を防ぐことです。同時に利用する人数の制限や、テーブル等の配置、定期的な換気により、密を防ぎましょう。

また、もしも新型コロナウイルス感染者が発生した時のために、共用する人をなるべく限るようにすることです。例えば、もし可能であれば、フロアごとに共用場所を設け、フロア間の行き来をしないようにすること等です。これは職員も同様で、各階専用の職員を配置するといった工夫もできればなおよいでしょう。

そのほか、具体的なことは、Q7〜13を参照してください。

6章
SECTION 1

新型コロナウイルスに関するQ&A

6 利用者宅への訪問時や事業所内における職員の感染予防の工夫は何がありますか？

A 訪問サービスの現場の職員が実践している工夫を紹介します。

● なるべく事業所に集まらないように直行直帰やWebでのやり取りをしています。

● 直行直帰のための移動手段（電動自転車等）を購入して職員に貸与しています。

● 職員がCOCOAアプリ（Q36〜40参照）をダウンロードしています。

● 会話をする時は、職員だけでなく利用者にもマスクを着用してもらっています。

● 会話をする時は、なるべく正面ではなく、横に並ぶようにしています。

● 訪問先で移乗等、接近して援助する時も、なるべく正面ではなく側面や背面から援助しています。

● 食事をする時は、食事に集中して会話をしません。食後、マスクをしてから会話を楽しむようにしています（利用者へも同様の助言をしています）。

7 施設の面会制限は必要ですか？

A 面会は利用者や家族にとって大切な機会です。なるべく感染のリスクを回避しながら、継続できるようにしていきましょう。しかし、地

域の新型コロナウイルス感染症の流行状況によっては、都道府県や市区町村の要請等を踏まえ、休止等の判断が必要でしょう。

継続するためには日頃から、面会者の来訪時の検温と、手指消毒、マスクの着用を徹底しましょう。面会専用のスペースとして、居住場所とは別で、かつほかの利用者と接触せずにすむ場所を確保しましょう。そして、換気を十分に行い、飛沫を避けるために利用者のマスク着用、アクリル板やビニールカーテン等を利用し、面会時間を定めて、それを守るよう協力を求めましょう。

⑧

施設に来る外部の医療職（医師・歯科医師・訪問看護師等）や業者（清掃・洗濯・ボランティア・理美容等）には、どのような対応が必要ですか？

外部から来る職員や業者には、まず日頃から健康確認をしてもらいましょう。その上で、来訪時に検温してもらい、発熱等の症状がないことを確認し、来訪者記録にもその旨を記載します。その上で、手指消毒やマスクの着用を徹底してもらいましょう。洗濯業者等、利用者と接する必要がない業者等には、利用者の動線と重ならないところから出入りをしてもらいましょう。

6章 SECTION 1 新型コロナウイルスに関するQ&A

デイサービスは
継続して大丈夫ですか？

A 基本的には、日頃から、利用者の健康チェックをしつつ、マスクの着用や飛沫の回避のための環境整備、3密（密閉、密集、密接）の回避、手指消毒等を徹底しながら継続しましょう。しかし、地域で感染者が多発した場合や利用者に感染者が発生した場合等は、都道府県や市区町村の要請等を踏まえ、休止等の判断が必要でしょう。

利用者のリハビリ
（発声するリハビリを含む）は
どうしたらよいですか？

A リハビリは3密を避ける工夫をしながら実施しましょう。その際、職員は、手指消毒とマスク着用を徹底し、リハビリ器具やリハビリ室は利用者が使用する度に消毒します。

声を出すリハビリやレクリエーションは、より感染のリスクが高くなります。しかし、心肺機能の維持強化等の観点から、実施しないことのデメリットも合わせて総合的に検討してください。実施する場合は、できるだけ集団では行わず、職員と利用者が1対1でできるとよいでしょう。その際も、職員は利用者の横や後ろに位置するのが良いでしょう。実施中は窓を開けて換気をよくし、利用者の入れ替えの際は窓・戸を全開にして10分程度間を置くこ

とをお勧めします。

11
換気はどのような頻度で
実施したらよいでしょうか？

風の流れができるよう、2方向の窓を全開にして、1回につき数分間程度行いましょう。換気回数は1時間に2回以上確保しましょう。施設に合ったルールを決めて実施するとよいでしょう。冬場の換気の工夫はQ2を参照してください。

12
部屋の湿度は
どのくらいに保てばよいですか？

50～60%を保つと感染予防によいといわれています。乾燥が気になる季節は、加湿器の活用や洗濯物等のぬれた衣類にサーキュレーターをあてるなどの工夫をして湿度を保ちましょう。

⑬ 施設の日常の清掃で気をつける点はありますか？

A 頻繁に接触する場所（ドアノブ、手すり、スイッチなど）はアルコール消毒液等で清拭・消毒をしましょう。清拭・消毒は最低1日1回程度実施しましょう。回数の規定はありませんので、施設で決めてください。頻繁に人の手が触れるところは回数を増やすことをお勧めします。

⑭ 新型コロナウイルス感染症の陽性者が発生した時のための準備はどうしたらよいですか？

A （1）個人防護具（PPE）

PPEの準備をしておきましょう。疑いのある利用者が発生した段階から必要になります。必要な防護具は、手袋、サージカルマスク、ガウン、キャップ、ゴーグルまたはフェイスシールド等です。

（2）PPEの着脱訓練

PPEは、隙間ができないようしっかり着用します。そして重要なのは、自分が汚染しないような方法で脱ぐことです。そのため、必ず事前訓練を行ってください。PPEの**着け方と外し方の順番は違います**ので紹介します。

1）着け方

①ガウン→②サージカルマスク→③キャップ・ゴーグル・フェイスシールド

→④手袋

２）外し方

①ガウンと手袋を一緒に裏返しながら脱ぎ、小さくまとめて丸めて捨てる→②手指衛生→③キャップ（顔に触れないように注意！）→④ゴーグルやフェイスシールド（顔に触れないように注意！）→⑤サージカルマスク→⑥手指衛生

（3）隔離室とゾーニング

新型コロナウイルス感染症疑いの利用者が発生した時のための隔離できる部屋とエリアを決めておきましょう。隔離室やエリアは、職員が活動しやすく、ゾーニング（清潔区域と不潔区域を明確に区別すること）をしやすい等を基準に決めます。ここではゾーニングのコツと対応する職員の注意点についてお伝えします。

１）隔離室とゾーニングのコツ

● 職員の動線がよいこと

● PPEの着脱場所が確保できること（着る場所は清潔区域、脱ぐ場所は不潔区域）

● 利用者の使用前後の器材、リネン、ごみ、食事等の移動ルートがほかの利用者のものと重ならないこと（リネン、ごみ、食器の取り扱い等はそれぞれの業者や担当者とあらかじめ打ち合わせておきます）

２）対応する職員について

● 対応する職員をあらかじめ決めておきます（職員本人の意向を確認し同意を得ておくこと）。

● 対応する職員は、勤務中できるだけエリアから出ずにすむような環境作りをします。

● 対応エリアの外から援助する職員を決めておきます。

● 必要物資はあらかじめエリア内に準備し、エリア外との接触を最小限にします。

● 対応した職員は、帰宅前に洗顔するか、できればシャワーを浴びることが望ましいです。

新型コロナウイルスに感染した疑いがある人に関するQ&A

濃厚接触者とは、どのような人をいうのですか？（定義）

A 「濃厚接触者」とは新型コロナウイルス感染症と診断された人（以下「感染者」とします）と、発症2日前から入院等をした日までに接触している人で、次のような状況にいた人です。

- 感染者と、同居している人、または車や飛行機等の移動も含めて長時間一緒にいた人
- 適切な防護具なしに、感染者を診療、看護、介護していた人
- 感染者の唾液をはじめとする体液等の汚染されたものに直接触れた可能性が高い人
- 感染者と、1メートル程度の手で触れることのできる距離で、適切な防護具なしに15分以上過ごした人。

具体的には、周囲の環境や接触の状況等、それぞれの状況を確認して濃厚接触者かどうかを判断されます。

16

濃厚接触者の定義にある
「適切な防護具なしに」とは
どのようなものですか？

A 例えば、マスクをしていない新型コロナウイルス感染者と自分が、サージカルマスクの着用なしで接触した場合や、ゴーグル等目の保護なしで接触した場合、そしてマスクを着用していた新型コロナウイルス感染者と自分が、サージカルマスクの着用なしで接触していた場合等です。

17

私の家族が新型コロナウイルスに
感染したかもしれません。
どうしたらよいでしょうか？

A まず、感染したかもしれない家族は外出を控え、かかりつけ医や都道府県が開設している相談窓口に相談してください。そして同居している人も、体温測定等の健康管理をして、不要不急の外出は避けましょう。特に咳や発熱等の症状が出たら、職場等には行かないようにしてください。これらを踏まえ、家族が新型コロナウイルスに感染したかもしれない場合、家の中で気をつける8つのポイントがあります。

（1）部屋を分ける
感染したかもしれない家族は、ほかの家族とは別の個室で食事や寝る時も

過ごしましょう。もし、部屋数が少ない等で部屋を分けられない場合には、少なくとも常に2メートル以上の距離を保ったり、仕切りやカーテンを設置することをお勧めします。

そして、感染したかもしれない本人は、極力部屋から出ないようにし、トイレや洗面所等の共有スペースの利用は最小限にしましょう。

（2）感染者かもしれない家族の世話はできるだけ限られた人がする

特に、心臓や肺、腎臓に持病がある人や糖尿病の人、免疫力が低下している人や妊婦等が世話をするのは避けてください。

（3）マスクをつけましょう

感染したかもしれない家族も同居しているほかの家族も、お互いにマスクをつけましょう。

特に感染したかも知れない家族のマスクは、ほかの部屋に持ち出さないように気をつけます。

マスクの着け外しの際の扱いにも気をつけましょう。

（4）こまめに手を洗いましょう

こまめに石けんで手を洗いましょう。また、手のアルコール消毒もしましょう。洗う前の手で目や鼻、口等を触らないようにしてください。

（5）換気をしましょう

定期的に換気をしましょう。家の中の2か所以上の窓を開けることで空気の通りがよくなります。

（6）手で触れる部分を消毒しましょう

皆さんが触れる共有部分（ドアノブ、棚の取っ手、リモコン、ベッド柵など）は、家庭用消毒剤（次亜塩素酸ナトリウムやアルコール消毒液）で消毒しましょう。

トイレや洗面所は、通常の家庭用洗剤ですすぎ、家庭用消毒剤でこまめに消毒しましょう。タオルや衣類、食器類は通常の洗濯や洗浄で問題はありません。ただし、洗浄前のものを共用しないようにしてください。特にタオルはトイレでもキッチンでも共用しないように気をつけましょう。

（7）汚れたリネン、衣服は手袋とマスクを着用して取り扱いましょう

感染したかもしれない家族の体液で汚れた衣服やリネンを取り扱う時は、手袋とマスクを着用し、通常の家庭用洗剤で洗濯し、その後完全に乾かしてください。ふん便からもウイルスが検出されることがあるので気をつけましょう。

（8）ごみは密閉して捨てましょう

感染したかもしれない家族が鼻をかんだり等使用したティッシュペーパーは、すぐにビニール袋に捨てましょう。室外に出す時は、必ず密閉して捨ててください。その後は直ちに石けんで手を洗いましょう。

※もし利用者宅でも同様のことが発生した場合、これらのことを助言しましょう。

Q18 訪問介護利用者の主介護者である家族が、職場で濃厚接触者となりました。利用者は「濃厚接触者の濃厚接触者」となりますが、訪問介護事業所はどのように対応したらよいですか？

A 訪問介護事業所は、沢山の利用者を支えているため、ほかの利用者へ感染させないよう十分な注意と配慮が必要です。

まず保健所と相談した上で、訪問の継続の必要性をよく検討します。その上で、訪問を継続する必要がある場合は、以下のような対応をします。

● 訪問する職員を限定します。特に、持病がある職員や妊婦の職員はなるべ

く担当を外します。

- 可能であれば、利用者に訪問前に体温測定してもらい、事前に発熱等の症状がないことを確認してから訪問します。
- サービス提供の内容を検討し、滞在時間を短くできるのであれば調整します。
- サービス提供の時間を、その日の最後にします。
- 訪問時は、前後の手洗いをするとともに使い捨てのマスク・手袋・エプロン等を着用し、訪問終了後は、その家で廃棄します。その際はごみ袋に入れて密封し、その後手洗い・手指消毒をします。
- 可能な限り利用者にもマスクを着用してもらいます。
- 職員同士が密に接触しないよう、直行直帰やWebでの申し送り等を取り入れます。

19

利用者が濃厚接触者になりました。
症状はありませんが、
どの程度の個人防護具を
着用すればよいですか？

A 飛沫や排泄物のような、体液に触れないための防護具が必要となります。まず念のため、利用者にもマスクを着用してもらいましょう。その上で、無症状の利用者であれば、職員はマスクと手指衛生を基本として、ケアに応じた個人防護具を使用します。例えば、移乗や排泄ケア等、密着・接近するケアがある時は、ガウンやエプロンを使用します。

その他、対面で接することを避けることや、横並びや距離を置いた形で会話すること等、会話時に生じる飛沫を避けるような工夫をしましょう。

| マスク | + | 手指衛生 | + | 距離を置いて会話する |

新型コロナウイルスに
感染してしまった場合に
役立つQ&A

20
自分が新型コロナウイルスに
感染してしまいました。
どのようにしたらよいですか？

A 新型コロナウイルス感染症の陽性となった人は基本的に入院して
治療することになりますが、無症状や軽症の人は、自宅や施設での
療養をする場合があります。医師が自宅や施設での療養が可能と診断した
場合に、保健所が療養場所の相談や、健康フォローアップ等の対応をします。
また、陽性となった人の周囲の人を対象に、保健所による積極的疫学調査
が実施されます。

21

訪問介護事業所の職員が
発熱した日から
2日間休んでいましたが
PCR検査の結果陽性となったと
電話連絡がありました。
事業所としては
どう対応したらよいでしょうか？

新型コロナウイルス感染症が確定した人は、保健所により積極的疫学調査が行われ、濃厚接触者が特定されます。その際、発症より2日前までさかのぼって接触があったか否かを調査されます。訪問介護事業所としては、保健所の調査に協力しつつ、運営の規模縮小や休業も含めて保健所や行政と相談して対応することになります。

同時に、感染した職員が訪問していた利用者が濃厚接触者に該当するか、事業所として速やかに確認する必要があるでしょう。もし該当すると判断された場合は、利用者・家族、主治医、ケアマネジャー等、連携する他職種にも報告します。こうした情報共有はとても大切ですが、一方でいたずらに不安を煽り、過剰な反応を招くことになりかねません。そこで平時から、このような事態が起きた時に誰にどのような方法で情報提供するのかも事業所内で考えておきましょう。そのほか、具体的な対応についてはQ23を参考にしてください。

22

利用者や職員が感染者と
なった場合の保健所が行う
疫学調査への協力は、具体的に
どのようにしたらよいですか？

 感染経路や濃厚接触者の特定等のためには、経過やケア状況の把握が必要です。ケアの記録や勤務表の記録等を準備して対応します。ケア記録については、日頃から、利用者のバイタルサインのほかに、症状の有無・程度・変化、ケア内容、マスク等の使用状況等を丁寧に記録しておきましょう。勤務に関する記録は、同時に事業所に滞在した職員の把握のためにも、事業所への出入りの時間等まで記録があるとよいでしょう。

23

訪問介護事業所の職員に
新型コロナウイルスの陽性者が
発生した場合の職場としての
対応ルールの例を教えてください

（1）職員が新型コロナウイルス感染症陽性と判明した場合の報告について

職員は、PCR検査を実施することが決まった時点で、速やかに管理者に報告しましょう。そして検査結果が判明した際には、陽性であっても陰性であっても速やかに報告しましょう。管理者は、こうした健康情報の取り扱いについては必要最小限の関係者との共有に限るよう注意しましょう。

（2）保健所の調査への対応について

職員が陽性と判明した場合は、保健所の調査に協力するための担当者を決めておきましょう。そして勤務状況や職場環境を説明できるよう、訪問スケジュールをはじめとする勤務に関する書類や事業所の職員同士の接触状況がわかるものを準備しておきましょう。

（3）職場の消毒等について

職場の消毒等が必要になった場合は、保健所の指示に従いましょう。特に指示がない場合は、次のように対応しましょう。

1）消毒を行う場所

陽性となった職員が触れたものすべてを消毒します。

例）訪問に持参していた道具、職員専用のPCやタブレット、いすや机、共有している電話、コピー機、キャビネット、ドアノブ、照明スイッチ、床や壁、洗面台、トイレ等

2）消毒方法

消毒用アルコールまたは0.05％次亜塩素酸ナトリウム液による清拭をします。陽性となった職員の痰や排泄物といった体液が付着している場所は、消毒用エタノールか0.05 〜 0.5％次亜塩素酸ナトリウム液で清拭または30分間漬置きします。

3）消毒をする時の防護具

使い捨ての手袋・マスク・ゴーグルやフェイスシールド等を着用し、目も守ります。清拭は使い捨てのペーパータオル等を使用します。

24

新型コロナウイルス感染症の
労災認定事例を教えてください

A 感染者の介護等の業務に従事する介護従事者等が新型コロナウイルスに感染した場合は、業務外で感染したことが明らかである場合を除き、原則として労災保険給付の対象となります。

労災認定事例

ホームヘルパーのAさんは、いつも食事や清潔援助のために訪問していた利用者が、新型コロナウイルス感染症と診断されたため、濃厚接触者としてPCR検査を受けた結果、陽性であることが判明した。労働基準監督署の調査の結果、Aさんが業務以外で感染したことが明らかにはならなかったため、労災支給が決定された。

感染後、職場復帰するには
どうすればよい？
診断書は必要ですか？

A 基本的に、退院と同時に就業制限は解除されます。その基準を簡単にまとめます。以下のいずれかに該当する場合が退院および就業制限の解除の基準です。なお、職場復帰にあたり診断書や陰性となった証明書等の提出は不要です。

● 発症日または陽性が確認された日（検体を採取した日）から10日以上、かつ

症状軽快後72時間が経過した場合

- 発症日から10日間以内に症状が軽快した場合にPCR検査が2回陰性だった場合
- 無症状の場合、陽性が確認された日（検体を採取した日）から6日間経過した後にPCR検査が2回陰性だった場合

26

訪問先の同居している家族が
新型コロナウイルス感染症と
診断され入院しました。
日中独居の利用者で、毎日のように
訪問しています。訪問介護事業所は
訪問を続けてよいですか？

　　　　ホームヘルパーは複数の利用者にかかわるため、慎重な対応が必要です。当該利用者が、濃厚接触者とされた場合もそうでない場合も、念のため「感染したかもしれない」という想定で対応しましょう。具体的には、個人防護具の使用とともに、訪問時間の短縮やその日の最後に訪問する、訪問する職員を決めて対応するなどです。

※個人防護具の着用方法は28ページおよびQ14参照。
※厚生労働省から感染対策に関するわかりやすい動画が配信されています（Q4参照）。

利用者に発熱などの症状が
出現した場合は
どうすればよいですか？

A 利用者の体温、呼吸、咳やのどの痛み等の呼吸器症状を確認し、速やかに医師に相談します。新型コロナウイルス感染症の疑いがあると判断されれば、PCR 陽性者とみなし、速やかに隔離対策を開始してください（Q14参照）。PCR検査結果を待つ間、利用者には発熱や呼吸状態が安楽になるように加湿や室温に留意し、飲水や食事を促し、注意深く経過を観察してください。また部屋の換気をこまめに行いましょう。

多床室に新型コロナウイルス感染症の疑いがある利用者が発生した場合、同室者は原則濃厚接触者となる可能性が高いといえます。その場合、同室者もPCR検査の対象となり、結果が出るまでそのまま集団で隔離します。PCR検査が陰性だった場合も、保健所と相談しつつ経過観察が必要となります。

また、新型コロナウイルス感染症の疑いがある利用者が発生した時点で、個人情報に十分配慮した上で、かかわる職員や委託業者などすべての人に伝達するようにしましょう。

28

新型コロナウイルス感染疑いの
利用者が使用する物品はすべて
使い捨てにしたほうがよいですか？

すべて使い捨てにする必要はありません。しかし、普段利用者間で共有している物品（体温計、血圧計等）はできるだけ専用にしましょう。それが困難な場合はアルコール消毒をして使用します。

29

新型コロナウイルス感染疑いの
利用者が使用した食器は
消毒が必要ですか？

消毒などの特別な処理は必要ありません。普段から使用している食器を使い、普通の食器洗い洗剤を使用しましょう。食器洗浄機を使用しても構いません。1つだけ注意したほうがよいのは、食後の洗浄までの間の接触感染防止です。下膳の際は、食器をトレーごとビニール袋などで覆うとよいでしょう。

6章

SECTION 3

新型コロナウイルスに関するQ&A

30

新型コロナウイルス感染疑いの
利用者の部屋の清掃は
どうしたらよいですか？

 Q23の（3）の消毒方法を参照してください。

　もし、清掃業者に依頼する場合は、担当者へ注意すべき点（サージカルマスク、ガウン、手袋の着脱方法、清掃道具の処理方法（専用にするなど）など）の伝達指導をしましょう。

31

利用者が
PCR陽性となり、すぐに入院できず、
施設内で対応する場合は
どうしたらよいですか？

Q23、27 ～ 30の対応を継続してください。

32

新型コロナウイルス陽性の
利用者が入院した後、部屋全体の
消毒は必要ですか？

可能であれば、その部屋を3日ほど放置し（新型コロナウイルスは3日間ほど表面に生存するという報告があるため）、その後、清掃および消毒を行うことも安全策の1つです。
消毒は部屋全体に行う必要はありませんが、高頻度に接触する場所は消毒が必要です。方法はQ23の（3）の消毒方法を参照してください。

33

PCR陽性の利用者が
使用したリネン類の処理は
どうしたらよいですか？

シーツを処理する時は、手袋、サージカルマスク、ガウンを着用し、さらにゴーグル等で目の保護をします。
使用後のシーツは全体にアルコールを噴霧し水溶性ランドリーバックまたはビニール袋に入れてください。それらをさらにビニール袋に入れ二重にします。施設内で処理する場合は80℃以上で10分間の熱水洗浄をしてください。
リネン類の処理は、なるべく自施設内で行いますが、やむを得ない理由で

業者に委託する際は、外側をアルコール（60％以上）または十分に含浸した0.05％次亜塩素酸ナトリウム液で清拭してください。

34 PPEが不足していますが、対策はありますか？

A
- サージカルマスク：スタッフはサージカルマスクか不織布のマスクが必要ですが、利用者は再利用可能な布マスクでもよいとされています。サージカルマスクの洗浄等による再利用は、透過率が低下する可能性があるため望ましくないといわれています。
- 手袋：1回ずつの使用が必須です。手袋が使用できない時は手指衛生を徹底します。
- ガウン：利用者と直接接する場合、布等の吸水性があるものはお勧めできません。不足している場合は、レインコートや大きなごみ袋で代用が可能とされています（簡易ボディシールド）。ただしごみ袋は腕の部分が露出するため、半袖等短い袖の服を着用し、肘まで洗えるようにしましょう。
- ゴーグル/フェイスシールド：スキーのゴーグルや眼鏡でも代用可能とされています。透明なクリアファイルを手作りしてもよいでしょう。再利用可能なものは、適宜消毒します。

35 新型コロナウイルス感染症疑いの 利用者がPCR陰性だった場合、 注意することはありますか？

特にありません。通常どおりの対応に戻してください。

簡易ボディシールドとフェイスシールドの作り方

◉簡易ボディシールド

用意するもの:ビニールのゴミ袋45L1枚、ハサミ

作り方

① 上から25cmのところに2枚重ねで5cmの切れ目を入れる。
② 上下に1枚ずつ5cm切れ目を入れる。
③ 上の中心のところに2枚重ねで8cm切れ目を入れる。
④ 左右に1枚ずつ8cm切れ目を入れる。
⑤ 下の中心から1枚だけ（背中）切れ目を55cm程度入れる。

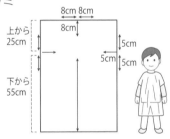

◉簡易フェイスシールド

用意するもの:マスク、A4クリアファイル（透明）、ハサミ、ホッチキス

作り方

① 1枚のA4サイズのクリアファイルを横半分に切り、輪になっている部分を切り取ると4枚のシートができる。
② 1枚のシートの角を丸く切り、マスクの上側に1cm程度重ね、ホチキスで左右2か所止める。

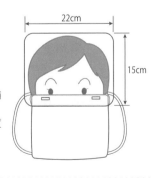

新型コロナウイルス
接触確認アプリ
（COCOA）について

厚生労働省では、新型コロナウイルス
接触確認アプリ（COCOA）の利用を推奨しています。
職員および利用者を守る手助けになる可能性があります。

36

新型コロナウイルス
接触確認アプリ（COCOA）とは
なんですか？

A COCOA（COVID-19 Contact Confirming Application）は、スマートフォンの機能を利用して、知らないうちに新型コロナウイルスの陽性者と接触したかもしれないという時に、知らせてくれるアプリです。また、お互いがわからないよう、プライバシーが保たれます。App storeやGoogle Playで「接触確認アプリ」と検索し、インストールすることができます。

37 アプリを利用することで、どのようなメリットがありますか？

自分が移動時等に感染者と濃厚接触した可能性があることがわかることで、検査の受診など保健所のサポートを早く受けることができます。もし自分が感染していた場合でも、利用者や同僚への感染の拡大を防ぐ1つの手立てになります。

38 アプリでは、どのような通知がきますか？

新型コロナウイルス感染症の陽性者が、自ら陽性者であることを登録した場合に、その陽性者と過去14日間に、おおむね1メートル以内で15分以上接した可能性があった場合に通知されます。通知を受けた後は、都道府県ごとに受診・相談センターの連絡先や検査の受診などが案内されます。

39

通知を受けたら、
誰でも無料で検査を
受けることができますか？

A 接触確認アプリで陽性者との接触の可能性について通知を受け取った人が、受診・相談センターに相談の上で検査を実施することとなった場合には、検査の費用負担はありません（医療機関で検査を受けることになった場合は初診料等が必要になる場合があります）。ただし、個別の状況により、検査が不要と判断されることもあります。

40

陽性者との接触があったとの
通知がありました。
自宅待機しなければならないのですか？

A 症状がある場合や持病等があって重症化しやすい場合、過去2週間以内に身近に感染者や症状のある人がいた場合は、自宅待機の上、速やかに受診・相談センターなどに受診を相談してください。これらに当てはまらない人は、普段どおりの生活をしてよいとされていますが、職場に相談し、通常の業務に就くか検討しましょう。

体調に変化があった場合は速やかに接触確認アプリで紹介された自治体の連絡先に相談しましょう。

参考文献

第6章は、下記を参考に作成しています（最終閲覧日：2021年1月5日）。

一般社団法人日本環境感染学会
「医療機関における新型コロナウイルス感染症への対応ガイド 第3版」
http://www.kankyokansen.org/uploads/uploads/files/jsipc/COVID-19_taioguide3.pdf

一般社団法人日本環境感染学会「高齢者介護施設における感染対策 第1版」
http://www.kankyokansen.org/uploads/uploads/files/jsipc/koreisyakaigoshisetsu_kansentaisaku.pdf

一般社団法人日本環境感染学会「高齢者介護施設における感染対策 Q&A 第2版」
（Q&Aのみ第2版を発行）
http://www.kankyokansen.org/uploads/uploads/files/jsipc/koreisyakaigoshisetsu_Q&A_2.pdf

「医療機関における新型コロナウイルスに感染する危険のある寝具類の取扱いについて」
令和2年4月24日厚生労働省医政局地域医療計画課事務連絡
http://www.mhlw.go.jp/content/000624961.pdf

「感染症の予防及び感染症の患者に対する医療に関する法律における
新型コロナウイルス感染症患者の退院及び就業制限の取扱いについて（一部改正）」
令和2年6月25日健感発0625第5号
https://www.mhlw.go.jp/content/000644312.pdf

公益財団法人日本訪問看護財団「新型コロナウイル感染症対策のお知らせ」
https://www.jvnf.or.jp/blog/info/korona

厚生労働省「新型コロナウイルス感染症について」
https://www.mhlw.go.jp/stf/seisakunitsuite/bunya/0000164708_00001.html

厚生労働省「接触確認アプリ利用者向けQ&A」
https://www.mhlw.go.jp/stf/seisakunitsuite/bunya/kenkou_iryou/covid19_qa_kanrenkigyou_00009.html

国立感染症研究所 感染症疫学センター
「新型コロナウイルス感染症患者に対する積極的疫学調査実施要領」令和2年4月20日版
https://www.niid.go.jp/niid/images/epi/corona/2019nCoV-02-200420.pdf

「社会福祉施設等における感染拡大防止のための留意点について（その2）」
令和2年4月7日厚生労働省老健局老人保健課ほか事務連絡
https://www.mhlw.go.jp/content/000619845.pdf

「職場における新型コロナウイルス感染症への感染予防、健康管理の強化について」
令和2年8月21日厚生労働省労働基準局長事務連絡
https://www.mhlw.go.jp/content/11302000/000657471.pdf

6章
SECTION 4
新型コロナウイルスに関するQ&A

索 引

監 修 者 ・ 著 者 一 覧

監修者

松本哲哉（まつもと・てつや）
国際医療福祉大学医学部感染症学講座　主任教授
国際医療福祉大学成田病院感染制御部　部長

1987年長崎大学医学部卒。長崎大学医学部第二内科入局。医学博士。
米国ハーバード大学チャニング研究所研究員、東邦大学医学部微生物
学講座講師、東京医科大学微生物学分野主任教授、東京医科大学病院
感染制御部部長を経て、2018年から現職。感染症専門医・指導医、日
本化学療法学会理事長、日本環境感染学会副理事長。東京都iCDC専
門家ボード 感染制御チームメンバー。

著者（執筆順）

松本哲哉（まつもと・てつや）● 第1章
同上

高橋洋子（たかはし・ようこ）● 第2章1・2・3
公益財団法人日本訪問看護財団立おもて参道訪問看護ステーション　管理者

大橋美和（おおはし・みわ）● 第2章4・5
公益財団法人日本訪問看護財団事業部

石橋亮一（いしばし・りょういち）● 第3章・第5章
介護福祉士　社会福祉士　介護支援専門員

黒澤加代子（くろさわ・かよこ）● 第4章
北区立清水坂あじさい荘デイサービス・ヘルパーステーションセンター　センター長

深石しのぶ（ふかいし・しのぶ）● 第4章
区民介護株式会社ほのぼのステーション赤羽　サービス提供責任者

岸純子（きし・じゅんこ）● 第6章
公益財団法人日本訪問看護財団事業部　主任

福祉現場のための

感染症対策入門

2021年2月10日　初 版 発 行
2022年7月15日　初版第3刷発行

監　修	松本哲哉
発行者	荘村明彦
発行所	中央法規出版株式会社
	〒110-0016　東京都台東区台東3-29-1 中央法規ビル
	Tel 03（6387）3196
	https://www.chuohoki.co.jp/
印刷・製本	株式会社ルナテック
装丁・本文デザイン	Boogie Design
本文イラスト	なすみそいため
	イオジン　小牧良次

ISBN 978-4-8058-8228-3